ヨハネ福音書を読もう 下

神の国への郷愁《サウダージ》

松本敏之
MATSUMOTO, Toshiyuki

日本キリスト教団出版局

聖書の引用は、基本的に『聖書　聖書協会共同訳』（日本聖書協会）に基づく。

目次

装丁原案・桂川　潤、装丁・デザインコンビビア

42　神の栄光のため

11章1〜16節

なぜ二日待たれたのか

ヨハネ福音書第11章は、ラザロの復活の物語として知られています。ヨハネ福音書の中でもひときわ異彩を放ち、ヨハネ福音書前半のクライマックスでもあります。

「ある病人がいた。マリアとその姉妹マルタの村、ベタニアの出身で、ラザロと言った」（1節）。マルタとマリアと言えば、ルカ福音書10章に記されている物語でご存じの方も多いでしょう。「このマリアは主に香油を塗り、髪の毛で主の足を拭った女である」（2節）と記されていますが、これはこの後に出てくる話です（ヨハネ12・3）。ベタニアという村はエルサレムに近く（18節）、主イエスがエルサレムへ行かれる時は、彼らの家に滞在してそこから通われたと言われます。ラザロはマルタとマリアの兄弟です。

そのように主イエスに親しいラザロが病気になりました。重い、命にかかわる病気です。マルタとマリアは、主イエスのもとへ使いを送りました。「主よ、あなたの愛しておられる者が病気なのです」（3節）。しかし主イエスはすぐには動きませんでした。弟子たちはほっとしたことでしょう。エルサレムで命をねらわれていたからです（10・39参照）。

ところが二日経ってから、主イエスは突然、「もう一度、ユダヤに行こう」（7節）と言い出されました。ユダヤ地方というのは、エルサレムやベタニアがあるところです。弟子たちはびっくりして、「先生、ユダヤ人たちがついこの間もあなたを石で打ち殺そうとしたのに、またそこへ行かれるのですか」（8節）と言いました。

弟子たちは、イエス・キリストがすぐに出かけられなかったのは、ユダヤ人を警戒されたからだと思ったでしょうが、少なくともそれだけではありませんでした。

ラザロが死んだということがはっきりするまで二日間待たれたのだと思います。瀕死の状態であっても、生きているうちならば、まだ治る可能性もあるでしょう。しかしはっきりと、主イエスのおかげで生き返ったのだということがわかるために、時を引き延ばされたのです。「この病気は死で終わるものではない。神の栄光のためである。神の子がそれによって栄光を受けるのである」（4節）。人間の可能性がすべて閉じるところで、神の可能性が始まるのです。もはや神様の働き、イエス・キリストの働き以外の何ものでもないことを知ることによって、神をほめたたえるようになるためです。

愛に突き動かされて

主イエスは、この兄弟姉妹を心から愛しておられました（5節）。この愛が主イエスを突き動かしたのです。そうでなければ、この「ヨルダンの向こう岸」（10・40）を出られなかったでしょう。弟子たちは「今出かけると非常に危険です。死にに行くようなものです」と言ったかもしれません。一緒に行くとすれば、自分たちの命も危ないと思ったことでしょう。

主イエスは「昼間は十二時間あるではないか。昼のうちに歩けば、つまずくことはない。この世の光を見ているからだ。しかし、夜歩けば、つまずく。その人の内に光がないからである」（9～10節）。この言葉には象徴的な意味がありますが、直接的な意味としては、「いかに彼らが私をねらっても昼間は手を出せないよ。見ている人たちがいっぱいいるから」ということでしょう。実際、この後イエス・キリストが捕らえられるのは、誰もが眠っているであろう夜のオリーブ畑においてでした。

イエス・キリストは、「私たちの友ラザロが眠っている。しかし、私は彼を起こしに行く」（11節）と言われました。弟子たちは、「主よ、眠っているのであれば、助かるでしょう」（12節）と答えます。これは的外れな答えですが、その陰には、やはり何とかして「主イエスを行かせたくない」という思いがあったのでしょう。

弟子たち、トマス

もちろん主イエスも、危険は承知の上です。そして実際、ラザロを復活させたことが、決定的にユダヤ人たちに「イエスを殺さなければならない」という決意をさせる事件となります（53節参照）。しかしこの時は、主イエスはまだ死を目前にしていませんでした。あくまで愛に突き動かされて、ラザロを復活させるために出かけられたのでした。

主イエスは、弟子たちに向かって、「私の友」と言わないで、わざわざ「私たちの友ラザロが眠っている」と言われました。動こうとしない弟子たちを突き動かし、巻き込もうとしておられるのではないでしょうか。主イエスは心が熱くなっておられるのに、弟子たちは冷めている。主イエスが彼らを召そうとしているのに、彼らは煮え切らず、ぐずぐずしているのです。

ところがその反対もあるのです。トマスの場合がそうです。「私たちも行って、一緒に死のうではないか」（16節）。それまでのやり取りを見ていたトマスが、とうといても立ってもいられなくなったのでしょう。「先生が行こうとおっしゃっているのに、何をぐずぐずしているんだ。死ぬのがこわいのか。先生も死を覚悟しておられるならば、私たちもそうしようではないか」。このトマスという人は、ちょっと短絡的ですが、ストレートで憎めない性格です（ヨハネ20・25参照）。

主イエスはまだ死ぬつもりではないのに、トマスは「一緒に死のうではないか」と口走っている。これは、かーっとなって主イエスを追い越してしまったケースのように思います。あくまでイエス・キリストが先立ち、弟子たる者はそれに従うのです。

ただしこのトマスも決して退けられた訳ではありませんでした。伝説によれば、彼は後にインドまで伝道に行ったと言われます。もしもそうだとすれば、「イエス・キリストに従いたい」という情熱が受けとめられて、そのことが実を結んでいったと言えるでしょう。すべては神の栄光のためです。

私たちもイエス・キリストという内なる光を携えて（10節参照）、何が御心であるかを尋ね求めながら進んで行きたいと思います。その光が私たちに進むべき道を照らし、示してくれるでしょう。

「闇は私を覆い隠せ。
私を囲む光は夜になれ」と言っても
闇もあなたには闇とはならず
夜も昼のように光り輝く。
闇も光も変わるところがない。（詩編139・11〜12）

43　死んでも生きる

11章17～27節

マルタの嘆き

さて、イエスが行って御覧になると、ラザロは墓に葬られてすでに四日もたっていた。（17節）

ここにわざわざ『四日もたっていた」と記されているのは、ラザロが本当に死んだのだということを強調するためでしょう。それが単なる蘇生ではなかったということを示そうとしているのです。当時のユダヤ人の間では、死者の霊は、死後三日間はまだ遺体のそばに留まっている。しかし四日目になるとそこを離れて、蘇生の望みは全くなくなると信じられていました。

マルタは、イエス・キリストに向かって、「主よ、もしここにいてくださいましたら、私の兄弟は死ななかったでしょうに」（21節）と言いました。少しうらみがましい言葉のようにも聞こえます。「どうしてすぐに出発してくださらなかったのですか。今頃来られてももう手遅れです」。彼女は、まさしく彼女自身の家で、主イエスが不思議な仕方で多くの病人をいやしてこられたのを、何度も見てきたことでしょう。「ラザロが生きていさえすれば、どんな瀕死の病気でもいやしてくださる」と思ったに違いありません。彼女の深い悲しみ、嘆きがこの言葉に表れています。

彼女は、「あなたが神にお願いすることは何でも、神はかなえてくださると、私は今でも承知しています」（22節）と続けました。これは先の言葉と矛盾する言葉に見えますが、そうでもないでしょう。頭では少なくとも、そう理解しているのです。信仰の論理からすれば、そうなのです。私たちにも同じようなことがあるのではないでしょうか。「神様であれば、何でもできる。イエス・キリストであれば、何でもできる」。しかし実際には、それが何を意味するのかわかっていないのかもしれません。

主イエスが、「あなたの兄弟は復活する」（23節）と言われても、マルタの心は動かず、通り一遍の返事をします。「終わりの日の復活の時に復活することは存じています」（24節）。当時、ファリサイ派の人々はそう信じていました。ちなみにサドカイ派の人々は、それと対立して、「復活はない」と言っていました（マタイ22・23～33参照）。マルタはファリサイ派の教えに従って、「自分もそれは信じています」と言ったのでしょう。

「私は復活であり、命である」

主イエスは、このマルタの言葉を否定せず、言葉を続けられました。「私は復活であり、命である。私を信じる者は、死んでも生きる。生きていて私を信じる者は誰も、決して死ぬことはない。このことを信じるか」（25〜26節）。

これは聖書の中でも最も有名な言葉のひとつです。このラザロの復活物語全体のクライマックスは、この言葉にあります。物語全体が、この言葉のためにあると言ってもよいほどです。

「私を信じる者は、死んでも生きる」ということと、「生きていて私を信じる者はいつまでも死なない」ということ。これは、同じことを裏表で語っています。命の源であるイエス・キリストにつながる時に、死は死でなくなるのです。

前回、「この病気は死で終わるものではない」（4節）という言葉がありました。私たちの人生は、「死」によって、ある日突然、終わります。切られてしまいます。ところが聖書は、この切断は絶対的なものではないというのです。私たちは死によって愛する人と隔てられてしまいますが、命の源であるイエス・キリストとつながることによって、私たちはずっとつながっているのです。それが聖書の根幹にあるメッセージです。肉体的な死は私たちの前に厳然と立ちはだかりますが、それを超えるものがあるのです。ラザロの復活の物語は、それを証しする一つの例として示されているのです。

ボンヘッファーの最後の言葉

ヒトラー暗殺を企てるほどの地下政治組織にかかわったドイツの神学者ディートリッヒ・ボンヘッファーは、一九四五年四月九日にナチスの手で処刑されました。彼はその前日の四月八日、収容所から収容所への移送中、シェーンベルクという村の小学校に滞在していました。そこで突然、呼び出されフロッセンビュルク収容所へ送られ、その日のうちに死刑判決を受けたのでした。連合軍がナチス軍を破るわずか数週間前のことでした。彼は、その数日前まで、自分がいつか釈放されるということを信じていたようです。最期の一週間を共に過ごしたペイン・ベストというイギリス人に、別れ際に英国国教会のチチェスターのベル主教宛ての伝言を託しました。

「これが最期です。――私にとっては生命の始まりです」。これは、ボンヘッファーがこの世に遺した最後の言葉として有名になりました。後にベル主教はより詳細に報告しています。「私にとってはこれが最期です。しかしそれはまた始まりです。あなたと共に、私は、あらゆる国家的な利害を超越するわたしたちの全世界的なキリスト者の交わりを信じています。そして私たちの勝利は確実です」

（E・ベートゲ『ボンヘッファー伝4』森野善右衛門訳、新教出版社、501頁）。

ボンヘッファーはその前年、獄中から友人E・ベートゲに宛てた手紙の中でも、やはりこれに通じる言葉を書き送っています。「苦難の中にわれわれの喜びが、死の中にわれわれの生命が隠されている」（一九四四年八月二十一日、E・ベートゲ編『ボンヘッファー獄中書簡集』村上伸訳、新教出版社、451頁）。

ボンヘッファーが肉体の生死を超えたところに、まことの「生」「いのち」を見ていたということが伝わってきます。

マルタは25～26節の言葉を聞いて、「はい、主よ、あなたが世に来られるはずの神の子、メシアであると私は信じています」（27節）と答えました。彼女がどのレベルで信じたのか、疑わしいものがあります。しかしそれでも彼女の応答は意味があると思うのです。私たちの場合も、一旦信仰告白した後でも心は揺れます。しかし私たちの救いは、そのようなあやふやな信仰告白の上に成り立っているのではありません。イエス・キリストの御手の中にこそ私たちの命、救いがあるのです。

いのちの終わりは　いのちの始め。
おそれは信仰に、死は復活に、
ついに変えられる　永遠の朝。
その日、その時を　ただ神が知る。（『讃美歌21』575「球根の中には」3節）

44 涙を流すイエス

11章28～37節

私を呼んでおられる

前回は、マルタとイエス・キリストの会話でしたが、今回はそれに続いてマルタの姉妹マリアが登場します。マルタは家へ帰って、そっとマリアに耳打ちしました。「先生がいらして、あなたをお呼びです」（28節）。マルタは家の中で泣いていたのかもしれません。マルタが行ったのは知っていたけれども、体が動かなかったのかもしれません。マルタとマリアの反応が対比的に描かれています。しかしマルタの言葉を聞くと、マリアはすぐに立ち上がり、主イエスのもとへ行きました。「イエス・キリストが来られた」という言葉だけでは動けなかったものが、「主イエスが他ならぬ自分を呼んでおられる」という言葉が彼女を突き動かしたのです。

私たちにも似たようなことがあるでしょう。「イエス・キリストが来られた」（主は来ませり）というのはクリスマスのメッセージと言うこともできますが、これだけではまだ一般的な言葉です。しかし「主イエスが私を呼んでおられる」「私のために来られた」という時に、私たちは動かされていくのです。

イエス・キリストは村には入らずに、村の外で待っておられました。そのままラザロのお墓を訪ねるために、村の外で待っておられたのではないかと思います。当時、お墓は汚れたところと考えられていましたので、村の外にあったのです。

イエス・キリストは、ベタニアへ何をしに来られたのでしょうか。ただ単にマルタとマリアを言葉の上で慰めに来られたのではありません。まさしく「神の子が……栄光を受ける」ため（4節）、そこで神の栄光が現れるためでした。マリアが立ち上がって家を出て行くと、弔問客たちもついて来ました。お墓で泣きたいのだろうと思ったのです。

「憤りを覚え、心を騒がせて」

マリアは、イエス・キリストを見るなり、足もとにひれ伏して、「主よ、もしここにいてくださいましたら、私の兄弟は死ななかったでしょうに」（32節）と言いました。これは、マルタが語ったのと全く同じ言葉です（21節）。マルタの言葉はこれに続きがありましたが、マリアの言葉はこれだけです。いろいろな理由が考えられますが、マリアの場合、恐らくこの言葉を言うのがせいいっぱいで、後は言葉にならなかったのではないでしょうか。

マリアや他のユダヤ人たちが泣くのをご覧になったイエス・キリストは、「憤りを覚え、心を騒がせて」(33節)、「どこに葬ったのか」と言われました。イエス・キリストは、一体何に対して憤りを覚えられたのでしょうか。さらっと読むと、彼らがめそめそ泣いているのに憤られたと読めそうですが、私は必ずしもそうではないと思います。その後で、主イエス自身も泣かれるからです。

以前の口語訳聖書では、これを「激しく感動し、また心を騒がせ」と訳していました。「憤りを覚え」と「激しく感動し」では、反対の意味にもなりかねませんが、「イエス様の心がぐっと動かされた。非常に揺さぶられた」ということは、確かでしょう。

主イエスはこの時、単に感動したということではなく、何かに憤りを覚えた。それは彼女たちの不信仰に対してではなく、人間をそのような悲しい目、苦しい目にあわせている力に対して、憤りを覚えられたのではないでしょうか。その力は私たち人間にはどうしようもなく、目の前に厳然と立ちはだかっています。そのような力に対して、激しく興奮して、憤りのような気持ちをもたれたのではないかと思います。

そして「どこに葬ったのか」と問われた後、主イエスご自身も涙されるのです(35節)。イエス・キリストは何でもできるお方、人を甦らせることもできるお方であれば、すべての感情も超越した方であるかのように思いかねません。しかし決してそうではなく、悲しむ者、苦しむ者と共におられるお方です。パウロは、「喜ぶ者と共に喜び、泣く者と共に泣きなさい」（ローマ12・15）と言いましたが、パウロ以前に、イエス・キリストご自身がそのようなお方であったことを思わされます。

聖書の中で最も短い聖句

旧約聖書のホセア書に、神様の言葉として、「私の心は激しく揺さぶられ　憐れみで胸が熱くなる」（ホセア書11・8）という言葉がありますが、イエス・キリストのこの時の思いは、まさにこの「憐れみで胸が熱くなる」という表現がぴったりくるように思います。

35節の「イエスは涙を流された」という言葉は、旧新約聖書の中で最も短い聖句として有名です。しかし原文ではたった三語、英語でも二語の"Jesus wept."（イエスは泣いた）という単純な表現です。しかしこの最も短い聖句は、その短さにもかかわらず、どの聖句よりも深い意味をもっていると言われます。聖書に章節が振られたのは、ずっと後の時代のことですが（近世）、聖書の章節を振っていた人自身が、これはこれだけで完結した節にしたい、これだけで非常に重い意味があると判断したのかもしれません。イエス・キリストが人間の悲しみに合わせて、その傍らに立ち、一緒に泣いてくださる。一見、神の子にふさわしくないような姿ですが、私は何と深い慰めに満ちていることかと思うのです。

そしてイエス・キリストは、ただ単に言葉の上の慰め、「弔問」ということではなく、根本的な解決を用意してくださっている方です。ラザロは、この後で、復活させられることになりますが、残念ながら、私たちはこれと同じ経験をするわけではありません。しかし次のように約束されています。

悲しみの涙　今ぬぐわれ、
嘆きも死もなく　労苦もない。
古いものすべて　過ぎ去りゆき、
見よ、主はすべてを新たにする。（『讃美歌21』580「新しい天と地を見たとき」3節）

これは、ヨハネ黙示録21章の言葉に基づいた新しい賛美歌です。イエス・キリストは、人々と共に、怒り、喜び、笑われた。聖書の中には、不思議なことに、「イエス様が笑った」という記述はありませんが、真の人間として生きてくださった方であれば、私たちと同じように大笑いをなさったこともあるに違いありません。「憤りを覚えた」。「心を激しく揺さぶられた」。「憐れみで胸が熱くなった」。この感動、これが私たちを突き動かしていくのではないでしょうか。私たちもそれを大切にする人間でありたいと思います。信仰も伝道もその感動から始まり、進んでいくのです。

45　ラザロ、出て来なさい

11章38〜44節

「石を取りのけなさい」

死というのは、すべての人に訪れるものです。そこにはひとつの例外もありません。毎日誰かが必ず死んでいます。その意味では、死は日常的な出来事です。しかし親しい人の死、父母、夫、妻、そして時には自分の子ども。この死は私たちに耐え難い悲しみと苦しみをもたらすものです。その意味で親しい人の死というのは、「あってはならない」こと、受け入れ難い現実です。死は、最も日常的な出来事でありながら、最も非日常的な出来事でもあると言えるでしょう。

イエス・キリストは、33節に続いて「再び憤りを覚えて」（38節）、ラザロの墓に来られます。人を威圧し、封じ込める死の力に対して怒りをあらわにされる。私たちは、よほど不条理な死に対しては怒りを覚えることがありますが、多くの場合、その気持ちも起こらない。あきらめ、どうしようもない無力感に襲われます。人間の力の限界を思わされます。ラザロの死の時もそうであったでしょう。

しかしそうした中、一人、イエス・キリストは、この死の力に対して怒りをあらわにされました。それは無駄な抵抗としての怒りではありません。最後の抵抗としての怒りでもありません。

私たちのやるせない思いとしての怒りを代表しつつ、あるいはそれさえも起こらない無力感を叱責しつつ、唯一その力に対抗しうる方として、いやその死を超える力と権能を備えた方として、心に憤りをもって墓の前に立たれるのです。私たちの傍らで、死を敵として見据えておられるこの方が、私たちの救い主、イエス・キリストです。

「その石を取りのけなさい」と言われました。マルタは、「主よ、もう臭います。四日もたっていますから」（39節）と応えます。こちらまで臭ってきそうな、リアルな表現です。人間の体は死んだその時から腐敗が始まります。四日も経つと、もう異様なにおいが立ち込めていたでしょう。当時の墓は、ほら穴のようなところであったようですが、そこに大きな石のふたをしました。死臭が外に洩れるのをふせぐためであったと思われます。

マルタの言葉（39節）には、「一体何をなさろうと言うのですか」という思いが表れています。彼女は、この直前（32節参照）にイエス・キリストへの信仰を明らかにしたばかりであるにもかかわらず、これから彼がしようとしていることがわからないのです。愛するラザロの体がそのように死臭を放っている現実を受け入れられないということもあったでしょう。誰でも、愛する人の体が死臭を放つのには耐え難い気持ちをもつものです。しかしイエス・キリストは、そのような気持ちに逆らうように「石を取りのけなさい」と命じられる。これはイエス・キリストの命令です。

信仰の目で見る

主イエスは、「もし信じるなら、神の栄光を見る」（40節）と言われました。信じる時に初めて、神の栄光が見られるということです。同じ出来事を目の当たりにしても、そこに信仰がなければ、神の栄光を見ることはできません。そこに神様のメッセージを読み取ることができるかどうか。それは私たちの信仰にかかっているのです。

もちろん私たちの信仰があろうとなかろうと、神の業《わざ》は始まっています。なされています。私たちの信仰に左右されるものではありません。客観的事実です。それはすばらしいことであり、だからこそ、私たちは力を得るのです。しかしそれだけでは、私たちの人生は変わらない。変わるとすれば、私たちが信仰をもって受け入れる時です。その目で見始める時に、謎が解けるように、するするっと物事が見え始める。神様の思い、イエス・キリストの思いが伝わってくるのです。

大声で叫ぶイエス

しかしそのように信じることができないで、その手前でもがいている者のためにも、イエス・キリストは、何とか信じることができるようにと、大きなことをなしてくださいます。イエス・キリストは、大声で叫ばれました。「ラザロ、出て来なさい」（43節）。その声が、深く陰府で眠っているラザロに届くように、そしてそこにいたすべての人の心の奥底に届くように、大声で叫ばれました。「ラザロ、出て来なさい」。その声には、心の憤りが込められていました。またマリアに共感する涙が込められていました（35節参照）。私たちが叫びたくなるような、しかし声にならない、そのようなすべての気持ちを代表して、あるいはそれを振り切るようにして、大声で叫ばれた。「ラザロ、出て来なさい」。

ラザロは布にくるまれたまま、出て来ます。イエス・キリストは周りの人に命じます。「ほどいてやって、行かせなさい」（44節）。手も足も布でくるまれたラザロが、どうやって自力で出て来られたのかという疑問をもつ人もあるかもしれませんが、そもそも死んだ人が出て来たという驚きに比べれば、そうした疑問は枝葉末節のことでしょう。聖書は、ラザロがどのようにして出て来たかには、あまり興味をもっていません。またこの後も、ごく簡単にしか記していません。それまでの長い、長い記述に対しては、物足りないほど、あっさりと書いています。私たちは、その後のラザロがどうなったのだろうか、いろいろと想像します。しばらくはぼうっとしていたのだろうか。マルタ、マリアと喜んで抱き合ったのだろうか。主イエスにひれ伏したのだろうか。ところが、そこは私たちの想像に委ねながら、聖書は最も大事なことだけを語るのです。

私たちはかけがえのない人を天に送る時、さまざまな思いがつのります。イエス・キリストと同じように、憤りを覚えられる方もあるでしょう。マリアと同じように、涙を流して、それだけで終わっていく思いの方もあると思います。そういったすべての私たちの思いを、イエス・キリストは一身に受けとめ、傍らに立って、私たちの代わりに、あるいは私たちを代表して叫んでくださる。死の力を無にするような大声で叫ばれる。「ラザロ、出て来なさい」。ラザロの復活そのものは、期限付きの復活でありました。彼もいつかはもう一度死んでいくことになります。しかしながら、そこに秘められたメッセージ、「肉体の死は、私たちを完全に閉ざすものではない。そこには命の主が立っておられて、私たちを天へと導いてくださる」、この深いメッセージを聞き取りたいと思います。

46　人の考えを超えるもの

11章45〜57節

時の人イエス

11章は、ラザロの復活物語を記していますが、今回の箇所は、その反響、あるいは残響とでも言える部分です。イエス・キリストがラザロを復活させられたことに対して、反応が真っ二つに分かれます。それを賞賛する人々と、それでイエス・キリストを敵視する人々。しかしその両方とも、イエス・キリストの思いを理解しているとは言えません。

「マリアのところに来て、イエスのなさったことを見たユダヤ人の多くは、イエスを信じた」(45節)。マリアのところへ来ていたユダヤ人とは、弔問客でしょう。特に政治的な思惑も何もない普通の人々です。彼らは、主イエスがラザロを復活させられたのを見て、単純にイエス・キリストを信じました。素直な反応です。そしてそのニュースは民間人ルートでどんどん広まって行ったのでしょう。あっという間に時の人になりました。

今回の箇所の終わり近くに、過越祭のために各地から大勢の人々がエルサレムへやってきたことが記されています。彼らは口々にイエス・キリストのうわさをしていました。「どう思うか。あの人はこの祭りには来ないのだろうか」（56節）。みんな一生懸命、その姿を探し求めました。まさにアイドルです。

スケープゴート

マルタ、マリアたちと共にいたユダヤ人たちの中の誰かが、イエス・キリストがラザロを復活させたことを宗教的指導者たちに告げました。そして最高法院が召集されるのです。緊急会議です。「この男は多くのしるしを行っているが、どうすればよいか。このままにしておけば、皆が彼を信じるようになる。そして、ローマ人が来て、我々の土地も国民も奪ってしまうだろう」（47〜48節）。

彼らは何とか秩序を保ちたいのです。実は、最高法院の中には微妙な政治的対立がありました。最高法院の一つの派閥は、サドカイ派と呼ばれた人々です。彼らは復活を否定していました（マタイ22・23参照）。ローマの支配をバックに自分たちも安全でいられた、いわば貴族階級です。

最高法院のもう一つの派閥は、ファリサイ派でした。彼らは律法を厳格に守り、復活を信じていました（使徒23・6〜10参照）。彼らの多くは貴族ではなく、平民知識階級であったと考えられています。

このサドカイ派とファリサイ派が最高法院を二分していたようです。ところがこの時は、イエス・キリストという共通の敵を前にして、利害が一致したのです。サドカイ派は何とかクーデターを起こさせたくない。ローマを怒らせたくないのです。一方、ファリサイ派の人々は、イエス・キリストが神を冒瀆していると言って非難しました。本当は自分たちが冒瀆（侮辱）されたことが我慢ならなかったのでしょう。

そうした中、カイアファが興味深い言葉を語ります。「あなたがたは何も分かっていない。一人の人が民の代わりに死に、国民全体が滅びないで済むほうが、あなたがたに好都合だとは考えないのか」（49～50節）。別にイエス・キリストがよいか悪いかなどはどうでもよいのです。関係がない。彼が死ぬことによって、暴動が起きず、みんなが助かるならば、それでよいではないかということです。スケープゴート（犠牲）です。もっともスケープゴートという言葉自身が、「逃れのための山羊」（レビ記16・20～23参照）という聖書に由来する言葉です。

これは今日でもよくあることでしょう。組織を守るために、誰かを犠牲にする。不祥事が発覚すると、本当は会社ぐるみ、省庁ぐるみの構造的問題であるのに、秘書が、あるいは別の誰かが勝手にやったことにしてしまう。会社や省庁全体が倒れないためです。

この時のターゲットはもちろんイエス・キリストです。イエス・キリストは、ひそかに暗殺されたのではありません。堂々と最高法院で死刑が決定されて、殺されたのだということを忘れてはならないでしょう。

不思議なコメント

ここで行われていることは、どろどろとした人間的なことです。何が起こっているかよくわかる。なぜそうなったのかもよくわかる。イエス・キリストは、そのような人間的思惑、政治的駆け引きの中で殺されていったのだということを、この物語はリアルに私たちに告げています。

ところがヨハネ福音書記者は、ここに奇妙なコメントを付けるのです。先ほどのカイアファの言葉の直後です。「これは、カイアファが自分から言ったのではない。その年の大祭司であったので預言をして、イエスが国民のために死ぬ、と言ったのである」(51節)。

すべてが人間の思惑の中で進行し、それですべて説明がつく。それにもかかわらず、その背後には神の見えざるシナリオがあったということです。これを語ったカイアファ自身も気づいていなかったことでしょう。カイアファは「しめしめ、うまくいった。みんな自分の思い通りになった」と思っていたかもしれません。しかしその背後には神がおられたのです。もちろんカイアファの責任が免除されるわけではありませんが、神は人間のそうした悪い思いをも用いられるのです。

私たちは歴史というものを複眼的な視野で見る必要があることを教えられます。人間的な思いで進んでいるように見えながら、気がついてみると、神の歴史になっていた。聖書を読んでおりますと、そういうことが度々出てきます。そこで人間の責任が免除されるわけではないのだけれども、不思議に神様がそれを取り込んでいくようにして、ご自分の計画を成就されるのです。

「国民のためばかりでなく、散らされている神の子たちを一つに集めるためにも死ぬ」（52節）。「国民のために死ぬ」というのはイスラエルの民を視野に入れたことでしょう。彼らを救うために、イエス・キリストは来られた。イエス誕生の時に、マリアの夫ヨセフのところに、天使が現れて言いました。「マリアは男の子を産む。その子をイエスと名付けなさい。この子は自分の民を罪から救うからである」（マタイ1・21）。イエスとは、「神は救い」という意味でありました。しかしそのようにして、イスラエルの民の願いをかなえながら、イエス・キリストは「散らされている神の子たちを一つに集めるためにも」死なれました。そうして、私たちにも救いが及んだのです。

47 心のこもった行為と存在

12章1〜11節

香油を注ぐマリア

実は、この箇所ととてもよく似た物語が、マタイにもマルコにも出てきます。恐らくもとは同じ話であったと思われますが、マタイやマルコが主イエスの受難物語の最初の出来事として記しているのに対して、ヨハネでは、それが始まる前、エルサレムへ入る直前の出来事となっています。

過越祭の六日前に、イエスはベタニアに行かれた。そこには、イエスが死者の中からよみがえらせたラザロがいた。イエスのためにそこで夕食が用意され、マルタは給仕をしていた。ラザロは、イエスと共に席に着いた人々の中にいた。（1〜2節）

ベタニアというのはマルタとマリアとラザロの住んでいた村です（11章参照）。マルタはイエス・

キリストのために一生懸命給仕をしていました。有名なマルタとマリアの話（ルカ10・38〜42）を彷《ほう》彿《ふつ》とさせます。

その時、マリアが純粋で非常に高価なナルドの香油を一リトラ持って来て、イエスの足に塗り、自分の髪でその足を拭った。家は香油の香りでいっぱいになった。（3節）

美しい情景が目に浮かぶようです。目に浮かぶだけではなく、そのかぐわしい香りが伝わってくるようです。一リトラというのは、聖書協会共同訳聖書の巻末にある度量衡対照表によれば、約三百二十六グラムということですから、それほどの量ではありません。しかしユダによれば、それは約三百デナリオンの価値がありました（5節）。当時の一日の労働者の賃金が一デナリオンでしたので、労働者の約一年分の給料に相当するくらいの価値があったのでしょう。

マリアのしたことは、まわりの人の度肝を抜くようなものでした。マリアがどうしてこんなことをしたのかは、よくわかりません。「主イエスに対して、自分は何ができるか。最上の捧げ物をしたい。そして行為をもってそれを表したい」そういうふうに考えているうちに、瞬間的に、直感的に決めたのかもしれません。事前に誰かに相談していれば、きっと反対されていたでしょう。一人の女性が、自分でそれを決心したというのは、大変なことであったと思います。

彼女の行為にはどういう意味があったのでしょうか。油を注ぐという行為は、古代近東では、何らかの特別な役割、あるいは任務への選びを意味していたと言われます。「キリスト」という言葉は、「油を注がれた者」という意味です（メシア、ヘブライ語でマシアハ）。ですから、彼女はこの行為によって「この方こそキリストである」と、象徴的に宣言していると見ることもできるでしょう。

もう一つは主イエスが語っておられるとおり（7節）、主イエスの葬りのためであったということです。人が死んだ時に、死体が臭くならないように、香油をかけたそうです。もちろん彼女自身は、この後主イエスが十字架にかけられて死ぬことになるとは知らなかったでしょう。しかし主イエスがそのように「私の埋葬の日のため」と意味づけられたのです。

「正しい」言葉に潜む偽善

マルタに対して、弟子の一人であるイスカリオテのユダがこう言いました。「なぜ、この香油を三百デナリオンで売って、貧しい人々に施さなかったのか」（5節）。なかなか立派な言葉です。問題は、その心がどこにあるのかということです。ヨハネ福音書は、その後にわざわざ「彼がこう言ったのは、貧しい人々のことを心にかけていたからではない。自分が盗人であり、金入れを預かっていて、その中身をごまかしていたからである」（6節）とコメントしています。他の福音書では、「弟子たち」（マタイ26・8）、「ある人々」（マルコ14・4）が、そのように言ったということです。私も恐らくユダだけではなく、その場の多くの人が同じように考えたのではないかと思います。

この女性とユダがもし議論をしていたら、恐らくユダのほうが勝ったであろうと思います。ところが、主イエスはこう言われます。「この人のするままにさせておきなさい。私の埋葬の日のために、それを取っておいたのだ。貧しい人々はいつもあなたがたと一緒にいるが、私はいつも一緒にいるわけではない」（7～8節）。

主イエスは、ユダの言葉を否定されたわけではありません。ユダの優等生的な言葉を受け入れながら、そのユダの言葉の上に、マリアの愛情深い、真実な心を置かれたのです。私たちは「正しい」言葉を聞く時に、やはりそれはそれとして、きちんと受けとめなければならないと思います。そしてそれと同時に、その背後にはどういう心があるのか（偽善、自己正当化など）を見抜く訓練もしなくてはならないでしょう。教会の中においてもそういうことが起きることがあります。いや教会の中で起きる時には、他の世界よりも、もっとやっかいです。神様を持ち出してくるからです。正しい言葉を語りながら、時に意識的に、時に無意識のうちに、いかに人を裁いていることが多いでしょうか。聖書の言葉でさえも、神様の御心と反対の方向のことを正当化するために使われる場合があるのです。

ラザロの証し

この箇所にはマルタとマリアの他に、復活させられたラザロが登場します。マルタとマリアに比べると、ラザロは、特に何もしていません。ただここにいただけです。しかし、彼の存在そのものが大きな証しであったのです。ラザロの存在は、イエス・キリストの力を証しするものでした。だからこそ、ユダヤ人たちは、イエス・キリストだけではなく、ラザロをも殺そうと謀ったのです（10節）。

私たちは、自分は一体どういう奉仕ができるだろうかと考えることがあります。教会でも「自分にできることをしましょう」と呼びかけます。マルタのように料理や給仕が得意な人もいるでしょうし、マリアのように大胆なことができる人もあるかもしれません。ただ自分には何にもできないと思われる方もあるのではないでしょうか。しかし教会の中に、そして礼拝の中におられるということ、そこにすでに大きな意味があります。特に年輩の方々の存在は、それだけで証しになる。まわりの人を励ます力のあるものだと思います。

48　ろばの子に乗る王

12章12〜19節

エルサレム入城

その翌日、祭りに来ていた大勢の群衆は、イエスがエルサレムに来られると聞き、なつめやしの枝を持って迎えに出た。（12〜13節）

「その翌日」という言葉で始まります。前回の、マリアが主イエスに香油を注いだ話が「過越祭の六日前」（1節）のことでしたので、これは過越祭の五日前の出来事ということになります。主イエスが十字架にかけられたのが過越祭の金曜日ですから、その前の日曜日の出来事です。教会暦では、この日を「しゅろの主日」と呼びますが、その名前の由来はこの出来事の中にあります。

この「なつめやしの枝」というのは、口語訳聖書では「しゅろの枝」と訳されていました。「しゅろ」と「なつめやし」はどちらでもよいようにも思えますが、少し種類が違うそうです。なつめやしのほうが、幅の広い枝であるとのこと。またある聖書学者によれば、イエス・キリストの時代のエルサレムには、しゅろの枝はなかったそうです。

旧約聖書続編にマカバイ記という書物がありますが、その中に勝利の支配者をしゅろの枝を持って迎えるという記事が出てきます。「第百七十一年の第二の月の二十三日、ユダヤの人々は賛美のうちにしゅろの枝をかざし、竪琴、シンバル、十二絃を鳴らし、賛歌と歌を歌いながら要塞に入った。イスラエルから大敵が根絶されたからである」（一マカバイ記13・51）。

ヨハネ福音書の記事は、この出来事が下敷きになっているのでしょう。群衆は「ホサナ。主の名によって来られる方に、祝福があるように　イスラエルの王に」（13節）と叫び続けました（「ホサナ」は、「私たちに救いを」の意）。この言葉は、次の詩編118編25〜26節に基づいています。

どうか主よ、救ってください。
どうか主よ、栄えをもたらしてください。

祝福あれ、主の名によって来る人に。

これは、当時のユダヤにおいて戦いに勝利して凱旋してくる将軍などを迎える際の歓呼の叫びでした。エルサレムの群衆もこの時、イエス・キリストをそのような勝利の支配者として迎えたのです。

主イエスの「エルサレム入城」の出来事は、四つの福音書が共通して記していますが、ヨハネだけが記していることがいくつかあります。先ほどの「なつめやしの枝を持って」というのもそうですが、この群衆の叫びに、何気なく「イスラエルの王に」と記されていることもそうです。かつてナタナエルが、主イエスをさして、「ラビ、あなたは神の子です。あなたはイスラエルの王です」（ヨハネ1・49）と言ったことを思い起こします。ヨハネ福音書において「ユダヤ人の王」という言葉が否定的な含みがあるのに対して（18・33、19・3、21）、「イスラエルの王」というのは、素直な称賛の言葉として出てきます。

この時もそうでした。それは、イエス・キリストを憎々しいと思っている人でも手のつけようのないほどの熱狂ぶりでした。「そこで、ファリサイ派の人々は互いに言った。『見ろ、何をしても無駄だ。世をあげてあの男に付いて行ったではないか』」（19節）。彼らも自分たちの計画が挫折しかけていたことを、半ば認めていたのかもしれません。

しかし私たちは、残念ながら、彼らの計画は挫折に終わらなかったことを知っています。イエス・キリストは、そのわずか五日後の金曜日に、十字架にかけられることになります。ファリサイ派の人々からすれば、この時あきらめかけていたものが、思わぬ形で一気に形勢が逆転して、計画が実現に向かうということになるのです。

熱狂的歓迎を受け入れる主イエス

群衆がイエス・キリストを熱狂的に出迎えた時、主イエスはろばの子を見つけて、それにお乗りになりました（14節）。他の福音書の並行箇所では、弟子たちがろばを見つけてきて、それに主イエスがお乗りになるのですが、ヨハネ福音書では、ご自分で見つけられたとなっています。

イエス・キリストがラザロを復活させられたことで、群衆はスーパーヒーローのような救い主、あるいは力でローマをやっつけてくれる「イスラエルの王」を期待していたのでしょう。しかし主イエスは、そういう救い主ではありませんでした。

ですから「そんなことではないのだ」と一喝して拒否なさってもおかしくないところです。しかしイエス・キリストは、彼らの熱狂、彼らの行動が身勝手なものであると知りつつ、静かにそれを受け入れられたのです。

旧約の預言の実現のため

それは一体どうしてでしょうか。一つには、そのようにして旧約聖書の預言が実現するためでありました。15節の言葉は、ゼカリヤ書からの引用です。

娘シオンよ、大いに喜べ。
娘エルサレムよ、喜び叫べ。
あなたの王があなたのところに来る。
彼は正しき者であって、勝利を得る者。
へりくだって、ろばに乗って来る
雌ろばの子、子ろばに乗って。（ゼカリヤ書9・9）

王というのは堂々としているべきものでしょう。ですから王にふさわしい乗り物、動物と言えば、馬ではないでしょうか。しかしこの王は馬ではなく、ろば、しかも子ろばに乗ってやってくるというのです。ろばは、柔和さの象徴でした。あるいは、愚かでのろまな動物というふうにみなされていました。王にはふさわしくない動物であるように思えます。しかしそのろばに乗る姿にこそ、実はまことの王の秘密が隠されていたのです。
ゼカリヤ書の言葉は、このように続きます。

私はエフライムから戦車を
エルサレムから軍馬を絶つ。
戦いの弓は絶たれ
この方は諸国民に平和を告げる。
その支配は海から海へ
大河から地の果てにまで至る。(ゼカリヤ書9・10)

もう戦争はしない、ということです。平和の王がろばに乗ってやってくるのです。主イエスが、彼らの熱狂的な歓迎を静かに受け入れながら、ろばの子に乗られたのは、旧約聖書の預言が今実現しているということを示すと同時に、「イスラエルの王」がどういう王であるかを示されたのでしょう。

49　命の広がり

12章20〜26節

栄光を受ける時

「さて、祭りのとき礼拝するためにエルサレムに上って来た人々の中に、何人かのギリシア人がいた」（20節）。「祭り」とは、過越祭のことです。ここにギリシア人が登場するのは興味深いことです。彼らはただエルサレムへ観光に来たのではなく、「礼拝をする」ために来たということですから、恐らくユダヤ教に改宗したギリシア人たちであったのでしょう。しかしユダヤ教の枠の中では、自分たちはどこまで行っても二流のユダヤ教徒だという感じをもっていたのかもしれません。そこでイエス・キリストの福音に触れて、「これこそがユダヤ主義を超えた自分たちの求めていた教えだ」と思ったのではないでしょうか。

彼らはまず、ガリラヤのベトサイダ出身のフィリポのもとへ懇願に来ました。フィリポというのは、ギリシアふうの名前です。彼らは自分たちに身近に感じられるフィリポを選んで懇願したのかもしれません。「お願いです。イエスにお目にかかりたいのです」（21節）。「お願いです」は、最上級の敬語「キリエ」（主よ）を意訳したものです。イエスへの尊敬が弟子にまで及んでいるのでしょう。

それを聞いたフィリポは、彼らをそのまま主イエスに紹介したのではなく、弟子の一人であるアンデレに相談し、アンデレと二人で、イエス・キリストにその旨伝えるのです。フィリポとアンデレというのは、すでに1章に登場していました（1・40、43）。

主イエスはまず、「人の子が栄光を受ける時が来た」（23節）と言われました。歴史を現時点から振り返ってみれば、確かに大事な瞬間であったのだと思わされます。それはこの時が、福音がユダヤ人という枠を超えて、ギリシア人、異邦人へと広がっていく発端であったからです。それまでもサマリアの女に対してなど（4章）、例外はありますが、ヨハネ福音書によると、本格的な異邦人伝道はここから始まっていったと言えるでしょう。

ただし「栄光を受ける時」と言っても、この世的な「栄光」とはかなり違います。この世的視点で見れば、むしろこの前の箇所、つまり群衆がなつめやしの枝を振りながら、勝利の支配者としてイエスを歓迎したあの時が、最も「栄光」を受けた時であったと思います。そこから先はその「栄光」からどんどん落ちていくような話です。群衆の憎しみが増大し、つばをかけられ、茨の冠をかぶせられ、鞭打たれ、十字架にかけられて死んでいく。しかしながら、イエス・キリストは、それを「栄光を受ける時」とされたのでした。

『カラマーゾフの兄弟』

そうであるからこそ、これに続く言葉が意味をもってきます。「よくよく言っておく。一粒の麦は、地に落ちて死ななければ、一粒のままである。だが、死ねば、多くの実を結ぶ」（24節）。これは、イエス・キリストの十字架上の死が決して空しく終わるものではないということ、やがてそこから新しい歴史が始まっていくことを指し示しています。主イエスはさらに、「自分の命を愛する者は、それを失うが、この世で自分の命を憎む者は、それを保って永遠の命に至る」（25節）と続けられました。これは誤解を招きやすい表現ですが、決して自死を奨励している訳ではありません。「自分の命を愛する」というのは、それを第一として生きるような生き方、自分のために生きるような生き方のことです。自分に与えられた命、賜物、それは一体、何のために存在するか。自分のために生きるか、他者のために生きるか。それが問われているのです。イエス・キリストは徹底して、他者のために生きた方でありました。

この24節の言葉は、古来多くの人々に大きな影響を与えてきました。その中で私がいつも思い起こすのは、ドストエフスキーが、最後の未完の小説、『カラマーゾフの兄弟』の扉にこの言葉を記していることです。ちなみにサンクトペテルブルクのアレクサンドル・ネフスキー修道院にあるドストエフスキーのお墓にもこの聖句が刻まれているそうです。

日野原重明氏の活動の原点

ドストエフスキーの『カラマーゾフの兄弟』の扉に書かれたこの聖句をめぐっては、ひとつ有名なエピソードがあります。

聖路加国際病院の院長であった日野原重明氏は、一九七〇年の「よど号ハイジャック事件」の時の乗客（人質）でありました。これから何十時間機内にいなければならないかわからないというので、犯人側から、本や雑誌を乗客に貸し出すという提案がなされました。それらの本の中に『カラマーゾフの兄弟』があり、日野原さんは「それを貸してくれ」と言って、借りられました。「ああ、よかった。これを読んでいれば、何日か不安から逃れられる」と思われたそうです。本の扉を開いたとたんに、この「一粒の麦」の聖句が目に飛び込んできました。「一粒の麦は、地に落ちて死ななければ、一粒のままである。だが、死ねば、多くの実を結ぶ」。日野原さんは、学生時代からドストエフスキーをよく読み、『カラマーゾフの兄弟』もすでに読んでおられたそうですが、「こういうことがテーマであったのか」と、改めて思われたそうです。死を意識した時間であったので、一層そのことを深く感じられたのでしょう。そして、もしも生かされてここから帰ることができたならば、この命を人のために用いようと決心なさったそうです。この出来事が、その後の日野原さんの活動の原点となりました。彼は、そのことを、何度もいろいろなところで語っておられます。

これは不思議な連鎖だと思います。聖句がある人を生かし、そしてその人の命がまた別の人を生かしていくのです。ドストエフスキー自身も、一粒の麦であったのではないでしょうか。

主イエスは、今回の言葉の最後をこういうふうに結んでおられます。「私に仕えようとする者は、私に従って来なさい。そうすれば、私のいる所に、私に仕える者もいることになる。私に仕える者がいれば、父はその人を大切にしてくださる」（26節）。「一粒の麦」で示されるものは、主イエスご自身であると同時に、それに従う者の生き方でもあります。命というのは、一つが失われて次のものへと生まれ変わるということを、このたとえは示しているようです。同時に私は、イエス・キリストが命の源であり、その命が次から次へと広がっていくようなことを思うのです。その命に私たちも連なるように指し示されている。そしてそこで生かされた者がまた、他者を生かしていくのです。

50　この時のために来た

12章27～36節

ヨハネ版、ゲツセマネの祈り

「今、私は心騒ぐ。何と言おうか。『父よ、私をこの時から救ってください』と言おうか。しかし、私はまさにこの時のために来たのだ。父よ、御名の栄光を現してください。」（27～28節）

この言葉は、ヨハネ版ゲツセマネの祈りだと言われます。マタイ、マルコ、ルカの三つの福音書に記されているゲツセマネの祈りは、若干の言葉の違いはありますが、例えば、マタイ福音書ではこうなっています。「父よ、できることなら、この杯を私から過ぎ去らせてください。しかし、私の望むようにではなく、御心のままに」（マタイ26・39）。

ヨハネ福音書の主イエスのほうがゲツセマネの主イエスよりも力強い感じがしますが、それでも決して、超然としておられたわけではなかったことが伝わってきます。イエス・キリストはまことの神であると同時に、まことの人でもありました。ヘブライ人への手紙には、こう記されています。「この大祭司（イエス・キリスト）は、私たちの弱さに同情できない方ではなく、罪は犯されなかったが、あらゆる点で同じように試練に遭われたのです」（ヘブライ4・15）。私たちと同じ経験をされ、試練にも遭われたのです。

『讃美歌』532「ひとたびは死にし身も」（2節）にこういう言葉があります。

主のうけぬこころみも、
主の知らぬかなしみも、
うつし世にあらじかし、
いずこにもみあと見ゆ。

私たちは、「どうして私がこんな試練を受けなければならないのか」「どうしてこんな悲しい思いをしなければならないのか」と思うことがあるのではないでしょうか。しかしどんな試練も、どんな悲しみも、どんな苦しみも、どんな迫害も、どんな病も、イエス・キリストもすでに経験しておられた。「自分だけ、どうして」と思っていたけれども、そこにはイエス様の通られた跡があったというのです。

主イエスは、「しかし、私はまさにこの時のために来たのだ」と言われました。この「しかし」は大きな、そして重い「しかし」です。もしもここで、主イエスが十字架にかかるのをやめておられたら、たとえ主イエスがどんなに立派な言葉を残し、どんなに立派な業をなさったとしても、私たちとの間に本質的な関係はなくなっていました。イエスという一人の偉大な人物ということになっていたでしょう。しかし、まさにこの時のためにイエス・キリストは来られたのでした。そのようにして、「父よ、御名の栄光を現してください」（28節）と祈りを続けられました。

「父よ、私をこの時から救ってください」「父よ、御名の栄光を現してください」という二つの祈りは、共に「主の祈り」を彷彿とさせるものです。

ヨハネ版、山上の変貌

その時、天から声が聞こえてきます。「私はすでに栄光を現した。再び栄光を現そう」（28節）。この「すでに栄光を現した」というのが、具体的に何のこと、いつのことを指しているのかははっきりしません。アウグスティヌスは、それは何よりもまず「世界の創造」のことだとした上で、同時に、「主が処女から生まれたとき、能力《ちから》を発揮したとき、星による天の徴に導かれた占星学者から礼拝されたとき、聖霊に満たされた聖徒たちに承認されたとき、鳩のかたちで御霊が降って啓示されたとき、天から声がひびき渡って言明されたとき、山上で変貌されたとき、多くの奇跡を行ったとき、多くの人を癒し、清められたとき、極く僅《わず》かなパンで非常に多くの群衆を養ったとき、嵐や荒波に命じたとき、死者を生き返えらせたとき」というふうに、イエス・キリストの生涯の出来事を数え上げています（アウグスティヌス『ヨハネ福音書講解　下巻』中澤宣夫訳、新教出版社、693～694頁）。

しかしそれらをすべてひっくるめても、それに匹敵するようなこと、いやそれを超えることが今起きようとしている。それがイエス・キリストの十字架でありました。

そばにいたある人たちは、「雷が鳴った」と言い、ほかの人たちは「天使がこの人に話しかけたのだ」と言いました（29節）。神様は雷鳴の中から人間に語りかけると言われていました。この記事も、マタイ、マルコ、ルカに記されている「山上の変貌」のヨハネ版だと言われます（マタイ17・1～8など）。

この時も、あの山上の変貌の時と同じように、天から声が聞こえてきたのですが、その意味を悟った人とそうでない人があったのです。同じことを経験していても、その意味がわかる人と、全くわからない人がいることを思わされます。

あなたがたのため

イエス・キリストはその人たちの反応に答えて、「この声が聞こえたのは、私のためではなく、あなたがたのためだ」（30節）と言われました。これから起きようとしている十字架の死という出来事が、私たちのためであるということが知らされたのです。

さらに「私は地から上げられるとき、すべての人を自分のもとに引き寄せよう」（32節）と語られます。ここで「地から上げられる」というのは、復活よりも十字架を指し示しています。ですから「イエスは、ご自分がどのような死を遂げるかを示そうとして、こう言われたのである」（33節）という注が付けられているのです。

群衆はイエス・キリストの言葉を聞いても、何のことであるかわからなかったようです（34節）。これまでにもあったように、ここでも無理解によるすれ違いが起こっています。

しかしここではもはやその説明もなさらず、むしろ今何をするべきなのかということを示されたのでした。

「光は、今しばらく、あなたがたの間にある。闇に捕らえられることがないように、光のあるうちに歩きなさい。闇の中を歩く者は、自分がどこへ行くのか分からない。光の子となるために、光のあるうちに、光を信じなさい」（35〜36節）。闇がやってくる。その闇に追いつかれないようにせよ。だからこそ、今という時を大切にしなければなりません。使徒パウロは言いました。「見よ、今は恵みの時、見よ、今は救の日である」（二コリント６・２、口語訳）。私たちはその「時」を見失わないようにしたいと思います。いつ闇が迫ってきて、覆い尽くされそうになるかもしれません。そうならないうちに、その「光」と共にある生活を形づくっていきましょう。

51　信仰弱き者をも

12章36〜50節

人々は、結局信じなかった
ヨハネ福音書はこの12章をもって前半部分を終えることになります。

　イエスはこれらのことを話してから、立ち去って彼らから身を隠された。（36節）

この時を境にして、主イエスは、人前から姿を隠されました。

「このように多くのしるしを彼らの前でなさったが、彼らはイエスを信じなかった」（37節）。「このように」ということで、ヨハネ福音書記者は、これまでの主イエスの活動の全体（2〜12章）を振り返っているようです。

イエス・キリストはこれまで六つのしるし（奇跡）を行われました。最初のしるしは、カナの婚礼の奇跡でした（2・1～11）。役人の息子のいやし（4・43～54）。ベトザタの池でのいやし（5・1～9）、五千人の給食（6・1～15）、目の見えない人のいやし（9・1～7）、そしてラザロの復活（11・38～44）の六つです。あるいはこれに水上歩行（6・16～21）を加えると七つになります。そのようにして、イエス・キリストはご自分が誰であるかを示されたにもかかわらず、結局、人々はイエス・キリストを受け入れなかった。この世的に言えば、イエス・キリストのやってこられたことは全部、失敗に終わったということになるでしょうか。

このことは、当時の人々に限らず、私たちの心の頑なさを示しているようです。この次にイエス・キリストが人前に現れるのは、裁判にかけられる時です。そこで群衆は、こぞってイエス・キリストを「連れて行け。連れて行け。十字架につけろ」と叫ぶようになるのです（ヨハネ19・15）。

ヨハネ福音書記者は、そうした人々の無理解をイザヤ書の二つの言葉に重ね合わせました。一つ目は、イザヤ書53章1節の「苦難の僕」と呼ばれる言葉の引用であり（38節）、もう一つはイザヤ書6章10節の言葉です。

「神は彼らの目を見えなくし
心をかたくなにされた。

彼らが目で見ず
心で悟らず、立ち帰ることのないためである。」（40節）

隠れ信者の議員たち

「議員の中にもイエスを信じる者は多かった。ただ、会堂から追放されるのを恐れ、ファリサイ派の人々をはばかって告白はしなかった」（42節）とあります。彼らは、心では信じたのだけれども、口で言い表すことをためらいました（ローマ10・9参照）。「会堂から追放される」とは、そのコミュニティーから追放されるということ、村八分にされるということです。「彼らは、神からの誉れよりも、人間からの誉れを好んだのである」（43節）。彼らには、地位と財産と信用、つまり「人間からの誉れ」がありました。それを捨ててまでイエス・キリストに従って歩む決断はできなかったのです。この議員たちの気持ちもわかるような気がいたします。

この時告白することのできなかった人たちの中から、主イエスが十字架の上で息を引き取られた後に「その遺体を引き取りたい」と願い出る人たちが出てきます。アリマタヤのヨセフと、ニコデモです（ヨハネ19・38〜39）。後ろのほうから、そっとくっついて行った人たち、あるいはキリスト教「シンパ」のような形で、じっと見守っていた人たちでした。しかし最後の「ここぞ」というところで、大事な役割を果たすようになるのです。「神様のなさることには時がある」ということを思います。

走馬灯のように

今回の後半の44節以下は、これまでさまざまなところでイエス・キリストが語ってこられた言葉の総まとめのような部分です。

「私を信じる者は、私ではなくて、私をお遣わしになった方を信じるのである。私を見る者は、私をお遣わしになった方を見るのである。」（44～45節）

これまでもご自分と、イエス・キリストを遣わされた父なる神が一体であることを述べてこられましたが（8・16、10・30など）、ここでもう一度そのことが確認されるのです。

「私を信じる者が、誰も闇の中にとどまることのないように、私は光として世に来た」（46節）。8章12節では、「私は世の光である。私に従う者は闇の中を歩まず、命の光を持つ」と語られましたし、前回の部分でも「光」について言及されました（12・35）。

「私の言葉を聞いて、それを守らない者がいても、私はその者を裁かない。私は、世を裁くためではなく、世を救うために来たからである」（47節）と続きます。これは、有名な3章16〜17節に通じる言葉ではないでしょうか。「神は、その独り子をお与えになったほどに、世を愛された。御子を信じる者が一人も滅びないで、永遠の命を得るためである。神が御子を世に遣わされたのは、世を裁くためではなく、御子によって世が救われるためである」。

この後の言葉も、同じような言葉がすでにどこかで語られていました（ヨハネ7・16、8・28など）。これまでのイエス・キリストの言葉が、走馬灯のように現れてきているのです。

47節の言葉には、私たちの弱さを包み込む主イエスの温かさがあります。信仰の弱さ、挫折。それはやがてはすべての弟子たちに及んでいきます。「私こそクリスチャン」と言っている者も、最後にはイエス・キリストを見捨てて逃げていくのです。その典型が一番弟子のペトロでありました。しかし、主イエスはそのペトロのために「私は信仰がなくならないように、あなたのために祈った。だから、あなたが立ち直ったときには、兄弟たちを力づけてやりなさい」（ルカ22・32）と励まされました。信仰の弱い者、告白するのをためらっているような者をも、主イエスは全部受け入れて、そのために十字架にかかられたのです。

もしも「ああ、それならば信仰告白をしなくてもいいのだ」と思うならば、それは事柄の本当の重さを理解していないのでしょう。そうではなく、そのようなお方、私の状態のいかんにかかわらず、私を受け入れてくださっている方であるからこそ、この方に従っていく。救い主と受け入れて、共に歩んで生きる。そのような決断をしたいと思います。すでに信仰の告白をし、クリスチャンとして歩んでいる人も、弱さの中に舞い戻ってしまうものですから、その都度信仰を告白して、イエス・キリストに立ち返っていきましょう。

52 身をかがめるイエス

13章1〜11節

究極の愛

この箇所はイエス・キリストの地上における最後の夜の出来事です。しかしここから後半部分が始まると言えるほどに、まだかなりの分量があります。福音書というのは、もともと単なるイエス・キリストの伝記ではありません。その十字架と復活について詳しく述べているのですが、ヨハネ福音書はその最後の数日の部分にとりわけ多くのページを割いていることがわかります。

過越祭の前に、イエスは、この世から父のもとへ移るご自分の時が来たことを悟り、世にいるご自分の者たちを愛して、最後まで愛し抜かれた。（1節）

この言葉は、ヨハネ福音書後半部分全体の序文のようです。いよいよその「時」が来たことを悟られたのでした。それは栄光を現す時、しかしそれはこの世の栄光の時ではなく、イエス・キリストが一粒の麦として死なれる、十字架の時でありました。

新共同訳聖書は「最後まで」というところを「この上なく」と訳していました。「どこまでも」「徹底的に」と訳すこともできます。究極の愛の姿勢です。弟子たちは、この後主イエスのもとから去ってしまいます。まずこの直後にイスカリオテのユダが去ります。そして一人消え、二人消えして、最後には一番弟子のペトロも去ってしまうのです。ペトロは「他の人はどうあれ、自分はどこまでもあなたに従います」と宣言した弟子でした（6・68参照）。それでも去ってしまうことがある。人間の愛には限界があることを思わされます。どんなに誓っても、その愛を貫くことができない。しかしイエス・キリストの愛は違っていました。「最後まで」「この上なく」愛し抜かれたのでした。イエス・キリストが弟子たちの足を洗うという物語は、その「究極の愛」の姿をよく表しています。

「謙遜」という名の傲慢

主イエスは食事の席で突然立ち上がり、上着を脱いで、手ぬぐいを腰に巻かれました。そしてたらいに水を汲んで弟子たちの足を洗い、その足を一つ一つ手ぬぐいで丁寧に拭かれました。主イエスが最初の弟子の足を洗われた時、その弟子が一体どういう反応をしたのか、聖書には書いてありません。

何をなさっているのかわけがわからず、呆然としていたのではないかと想像いたします。

当時の習慣としては、誰かが家に入った時に、最初にその人の足を洗うのは奴隷の仕事であったと言われます。しかし今、自分たちの先生である主イエスが、自分たちの目の前にかがみこんで、足を洗い、それを手ぬぐいで拭かれる。しかもこの時は食事の最中です。今頃になって、しかも先生が。一体これはどうしたことか。「先生、お気は確かでしょうか」。そのような気持ちではなかったでしょうか。

ペトロのところまで来ると、ペトロは、「主よ、あなたが私の足を洗ってくださるのですか」（6節）、「私の足など、決して洗わないでください」（8節）と言いました。何だか居心地の悪い思いがしたのでしょう。「畏れ多く、とんでもないことです」。

私はこの時のペトロの気持ちがわかる気がします。人に自分の足を差し出すのは恥ずかしいことです。私がニューヨークにいた時に通っていた教会では、受難週の洗足木曜日に、タオルと洗面器を持って教会に集まる習慣がありました。二人一組になって、互いに足を洗いあうのです。何だかばつが悪い。早く終わらないかと思いました。あんまり汚いと恥ずかしいので、あらかじめ家で足を洗っていくこともありました。

ただこの時、主イエスは、こう言われました。「もし私があなたを洗わないなら、あなたは私と何の関わりもなくなる」（8節）。ペトロは謙遜の気持ちから「決して洗わないでください」と言ったのかもしれませんが、それは「謙遜」という名の傲慢と言えるでしょう。自分の足は、主イエスに洗っていただく必要がないということを意味しているからです。

私たちは誰でも、それぞれ自分の醜い部分、汚い部分をもっているのではないでしょうか。そしてそこは人に見られたくないので、自分で何とかしたいと思う。しかしそれは自分のことは自分で解決できるという考えに基づいているものです。本当の信仰をもつこととそうでないことの違いは、まさにそこにあると言うこともできるでしょう。

身をかがめて食べさせた

この時、主イエスは弟子たちの前に身をかがめられました。これは、イエス・キリストの生涯全体を象徴する姿でもあります。私はホセア書11章の言葉を思い起こします。旧約聖書の中で「神の愛」がどういうものであるかということを、最もよく示していると言われる箇所です。

この11章は、「まだ幼かったイスラエルを私は愛した」という言葉で始まります。イスラエルの民は、神様に背いて神様から離れていきます。しかし神様のほうは、彼らがどんなに離れて行こうとも、その民をどこまでも、最後まで、この上なく、徹底して愛し抜かれるのです。4節にこういう言葉があります。

私は人を結ぶ綱、愛の絆で彼らを導き
彼らの顎《あご》から軛《くびき》を外す者のようになり
身をかがめて食べ物を与えた。（ホセア書11・4）

人間と神様ではスケールが違います。生きる世界が違う。ですからそれが一つになるためには、大きいほうが小さいほうに体を合わさなければならない。お母さんは子どもにご飯を食べさせるために、同じ目線になるように身をかがめます。それと同様に神様は身をかがめて食べ物を与えたというのです。神様がイスラエルの民のために、身をかがめて食べさせる姿、それこそイエス・キリストが、人間の姿になってこの世界に来られたということを象徴しているのではないでしょうか。

キリストは
神の形でありながら
神と等しくあることに固執しようとは思わず

かえって自分を無にして
僕の形をとり
人間と同じ者になられました。
人間の姿で現れ
へりくだって、死に至るまで
それも十字架の死に至るまで
従順でした。（フィリピ2・6～8）

この言葉は、弟子たちの足を洗うイエス・キリストに通じるものでしょう。「人間の姿」になるだけではなく、「僕の姿」にまでなられた。同じ目線になることよりも、もう一段低く身をかがめられたのです。

53　後で分かるようになる

13章7〜10、36〜38節

洗礼と聖餐

ペトロは、イエス・キリストの言葉を聞いた後で、こう言いました。「主よ、足だけでなく、手も頭も」（9節）。イエス様がせっかく足を洗ってくださるのであれば、ついでに手も頭も洗っていただきたい。少しコミカルな、ペトロらしい応答です。しかしイエス・キリストは、「すでに体を洗った者は、全身清いのだから、足だけ洗えばよい」（10節）とお答えになりました。

主イエスの愛の業は私たちを生かすのに十分であるのに、私たちはまだ何か足りない、何かそこに付け加えたいと思う。これはこれで、私たちの不信仰を示していると思います。

また宗教改革者のカルヴァンは、この言葉は、私たちの洗礼と聖餐の関係を象徴していると言いました。洗礼というのは、一生において一回限りで、生涯有効なものです。自分が洗礼を受けた時には十分理解していなかったから、もう一回洗礼を受け直して、クリスチャンとしてやり直したいと思われる方があるかもしれませんが、そうする必要はないのです。私たちの思いに関係なく、洗礼は一度限りで、ずっと有効なのです。それで足りないならば、結局、何度でも洗礼を受け直さなければならなくなるでしょう。

信仰を刷新して、新たになるというのはむしろ聖餐式の役目です。全身を洗われた後で、その都度その都度、足を洗っていただくように、私たちは聖餐によって、いつも新たに主イエスを迎えて歩み始めるのです。

『クオ・ヴァディス』

ペトロは、主イエスが「あなたがたは私を捜すだろう」（33節）と言われたのを聞き、いつもと違う何かを感じ取ったのでしょう。「主よ、どこへ行かれるのですか」（36節）と尋ねました。この「主よ、どこへ行かれるのですか」という言葉は、ラテン語では「クオ・ヴァディス、ドミネ」という言葉です。これを聞いてぴんと来る方もあろうかと思いますが、『クオ・ヴァディス』というのはポーランドの作家シェンキェヴィチが一八九六年に出版した小説の題名でもあります。ノーベル文学賞受賞に貢献した小説であり、何度も映画化されています。

『クオ・ヴァディス』はローマ帝国の皇帝ネロがキリスト教徒を迫害した時代の話です。その中に男女の恋愛とか、いろいろなドラマが盛り込まれていますが、最後のほうは、こういうストーリーです。

ネロは新しい首都ネロポリスを建設するために、ローマを灰燼《かいじん》に帰そうと決心します。そして火をつけて、それをキリスト教徒のせいにするのです。リギアというクリスチャンの女性に恋をしたマルクス・ウィキニウス（彼もリギアの影響を受けて、クリスチャンになります）は、ローマが燃えていると知って、戦車を駆って火の海に飛び込んでいきました。群衆を安全な場所に避難させて、リギアを無事に捜し出します。ネロの極悪非道のふるまいに、群衆もついに耐えかねて反逆の狼煙《のろし》をあげていくのですが、ネロはキリスト教徒に弾圧を加え、彼らをコロセウム（大闘技場）に引き出し、ライオンの餌食にしようとします。マルクスも捕らえられてしまいました。

一方、ペトロは他のクリスチャンたちから、「このローマにはもう羊はいないから、どうかあなたは生きのびて、他の羊のいる町へ逃げてください」と告げられ、ナザリウスという少年と共に、夜明け前に、そっとローマを出て行こうとします。ところがその途上で、ペトロは向こうからやって来るキリストに出会うのです。その時ペトロが語ったのが「クオ・ヴァディス、ドミネ（主よ、どこへ行かれるのですか）」という言葉でした。キリストは、こう答えます。「おまえが私の民を見捨てるなら、私はローマへ行って、もう一度十字架にかかろう」。ペトロは、その言葉を聞き、悔い改めて、ローマへ引き返していきます。そして捕らえられ、晴れやかな表情で十字架にかかって死んでいくのです。「主よ、どこへ行かれるのですか」は、この聖書箇所に由来するのでしょうが、ペトロはその後も何度もこの言葉を、主イエスに向かって発したのではないでしょうか。

すぐにわからなくても

「主よ、なぜ今すぐ付いて行けないのですか。あなたのためなら命を捨てます」（37節）。私は、この時のペトロの気持ちに、うそはなかったと思います。しかし主イエスは、それを否定してこう言われました。「私のために命を捨てると言うのか。よくよく言っておく。鶏が鳴くまでに、あなたは三度、私を知らないと言うだろう」（38節）。

ペトロは、「そんなことはない」と思ったでしょうが、主イエスの言われたとおりになります。ただ主イエスは、そのことも知りつつ、あらかじめ赦しておられたのでした。

主イエスがペトロの足を洗われた時、「私のしていることは、今あなたには分からないが、後で、分かるようになる」（7節）と言われました。「後で」とはいつのことでしょうか。主イエスは、すべての弟子たちの足を洗われた後で、「主であり、師である私があなたがたの足を洗ったのだから、あなたがたも互いに足を洗い合うべきである。私があなたがたにしたとおりに、あなたがたもするようにと、模範を示したのだ」（14〜15節）と言われました。その時のことでしょうか。

しかし弟子たちはそれを聞いても、まだわからなかったのです。ですから、この「後で、分かるようになる」というのは、もっと先、イエス・キリストが十字架で死に、復活される、その時のことなのでしょう。いやさらに先のことであるかもしれません。

今は、何でも早わかりの時代です。スピードが問われる。頭の回転の速い人が、頭のいい人とされます。株を買うにしても何にしても、速攻でどんどんやっていくような時代です。しかし本当に大事なことというのは、時間をかけないと、わからないものではないでしょうか。聖書の言葉というのも、そういう面があります。最初に聞いた時にはどういうことかわからなかったけれども、年齢を重ねていくうちに、だんだんとわかってくるということがあるのではないでしょうか。あるいはそれなりにわかっていたつもりでも、もっと深い意味があったことを知る、「身をもって知る」ということがあるのです。だからこそ、すぐに意味がわからなくても、御言葉を心の内にたくわえていきたいと思います。

54　夜の出来事

13章10〜30節

愛と裏切り

イスカリオテのユダのことを考える時、私たちはとても重い気持ちにさせられます。聖書を読んでいても、そこは飛ばして読みたくなります。しかし立ち止まって、そのことに心をとめるのは大事なことであろうと思います。すでに13章の初めに、その名前が出ていました。「夕食のときであった。すでに悪魔は、シモンの子イスカリオテのユダの心に、イエスを裏切ろうとする思いを入れていた」（2節）。その直前には、「イエスは、この世から父のもとへ移るご自分の時が来たことを悟り、世にいるご自分の者たちを愛して、最後まで愛し抜かれた」（1節）とありました。イエス・キリストの愛がクライマックスに達したその同じ瞬間に、闇がすでに侵入しているのです。

愛の対極にあるものは、「裏切り」でしょう。愛と裏切り。ここにその両方が端的に記されています。ユダはどうしてイエス・キリストを裏切ってしまったのか。もしかすると、ユダ自身がイエス・

キリストに裏切られたというような思いをもっていたかもしれません。最初は、来るべきメシアとして受け入れて、その弟子になりましたが、だんだん自分の期待通りのメシアではないことがわかってくると、期待はずれも大きくなり、裏切られたという思いが募ったのかもしれません。

イエス・キリストは、弟子たちの足を洗われた後に、ユダの裏切りを示唆しておられます。「『私のパンを食べている者が、私を足蹴にした』という聖書の言葉は実現しなければならない」（18節）。この「聖書の言葉」とは詩編41編10節の言葉です。

誰が裏切るのかわからない

それにしてもイスカリオテのユダがどうしてイエス・キリストを裏切るようになったのかはよくわかりません。イスカリオテのユダは、十二弟子の中で特別に悪い存在ではありませんでした。ですから、イエス・キリストが「あなたがたのうちの一人が私を裏切ろうとしている」（21節）と言われても、弟子たちはそれがー体誰であるのかわかりませんでした。ペトロは、主イエスのすぐ隣にいた弟子に、それが誰のことであるか尋ねるよう合図を送り、彼は尋ねました。

主イエスは、それを聞いて、「私がパン切れを浸して与えるのがその人だ」（26節）と答えられました。そしておっしゃったとおりに、パン切れを皿の中の何かに浸して取り、イスカリオテのユダにそれをお渡しになり、「しようとしていることを、今すぐするがよい」（27節）と告げられました。弟子たちは、それでもまだわかりません。ある者は、ユダが金入れを預かっていたので、「祭りに必要な物を買いなさい」（29節）と言われたのかと思ったというのです。また別の弟子は、貧しい人に何か施すように言われたのだと思いました。つまり誰も想像がつかなかった。むしろよいことをするように指示されたと思ったのです。

イスカリオテのユダは弟子一行の財布を預かっていた人でした。あるグループで財布を預かる人は、恐らく一番信頼されるうちの一人でしょう。教会の財務・会計さんもそうでしょう。みんなの信用がなければできない仕事です。弟子たちの中核にいたのです。

裏切るのが誰であるかわからなかったということは、それが誰であってもおかしくはなかったということを示しているのではないでしょうか。わからないだけではなく、みんな心のどこかで、「もしかすると自分であるかもしれない」と思ったのでしょう。誰一人として、自分は主イエスを裏切ることはないと確信をもつことができなかったのでした。ユダはとんでもない、例外的な弟子ではありません。他の弟子たちの中にもユダ的要素があった。誰がユダであっても、おかしくはなかったのです。これは私たちにも身につまされる話です。

ちなみに、このパン切れを浸したものを与えるというのは、愛の行為であったと言われます。主人がお客さんに対して、一人ひとりそのようにしたそうです。主イエスはただ合図として、これを用いられたというよりも、「イスカリオテのユダが自分に対して何をしようとも、私はユダを愛している」ということを知らせようとされたのではないでしょうか。そしてユダは確かにそれを、つまりイエス・キリストの愛のしるしを受け取ったのです。

これに反対のこととして思い浮かぶのは、イスカリオテのユダが主イエスを引き渡す合図として、主イエスにキスをしたことです（マタイ26・49）。キスというのも最大の愛のしるしです。その愛のしるしを、売り渡す合図に用いるのです。そしてそのしるしを主イエスは受けられたのでした。主イエスにとっては、「それでもユダを愛している」というメッセージであったのでしょう。

だからこそ、私も

イエス・キリストは、この夜、イスカリオテのユダの足をも洗われました。ユダを除いてから弟子たちの足を洗われたのではありませんでした。他の福音書に記されている最後の晩餐の席にも、イスカリオテのユダはいたのです。ユダが出て行った後、「これは私の体である」「これは私の血である」と言って、パンと杯を渡されたのではありません。ヨハネ福音書があえて、浸したパンをユダに与えたと記していることは、この最後の晩餐の食事で渡されたものがユダにも渡されたということを示唆しているのかもしれません。

私はここに、イエス・キリストの愛の極みを見る思いがいたします。最後の夜、「世にいるご自分の者たちを愛して、最後まで愛し抜かれた」（13・1）というのはそういうことであったのかと思います。

イエス・キリストは、このユダのためにも身をかがめて足を洗い、このユダのためにもパンと杯を用意された。さらに言えば、このユダのためにも十字架の上で、「父よ、彼（ら）をお赦しください。自分が何をしているのか分からないのです」（ルカ23・34）と祈り、このユダのためにも十字架にかかられたのです。

私は、だからこそ、「確かに私も受け入れられている。ユダの足も洗われたからこそ、確かに私の足も洗われている」と信じることができるのです。これは夜の出来事であったと、ヨハネは記しています（30節）。しかし、その夜の闇が最も深くなった時に光が輝く。その裏切りの行為が最高潮に達した時に、イエス・キリストの愛も最高潮に達するのです。そこに恵みが増し加わるのです。

55 新しい戒め

13章31〜35節

人の子讃歌

「さて、ユダが出て行くと、イエスは言われた」(31節)。ここから「別れの説教」と呼ばれる長い部分が始まります(16章の終わりまで)。実際には、これらの言葉が最後の夜に一息に語られたのではなく、イエス・キリストが遺言のようにして弟子たちに語られた言葉が、ここに集められているのでしょう。主イエスの言葉はこう始まります。

「今や、人の子は栄光を受け、神は人の子によって栄光をお受けになった。神が人の子によって栄光をお受けになったのであれば、神もご自身によって人の子に栄光をお与えになる。しかも、すぐにお与えになる」(31〜32節)。

これは整った五行詩の形になっています。また「人の子讃歌」と呼ばれ、ヨハネ福音書冒頭の「ロゴス讃歌」(ヨハネ1・1〜18)に対応していると言われます。「ロゴス讃歌」とは、「初めに言(ロゴス）があった。言は神と共にあった。言は神であった。この言は、初めに神と共にあった」（1・1〜2）と始まり、「言は肉となって、私たちの間に宿った」（1・14）と続くものです。

「ロゴス讃歌」がクリスマスを指し示しているとすれば、「人の子讃歌」は十字架と復活を指し示していると言えるでしょう。「人の子が栄光を受ける」という言葉はすでに12章23節に出てきていました。それに続けて、「一粒の麦は、地に落ちて死ななければ、一粒のままである。だが、死ねば、多くの実を結ぶ」（12・24）と語られていましたので、「栄光を受ける」と言っても、内容的には、あざけられ、十字架にかけられて死んでいく、その出来事を指しています。それがどうして「栄光を受ける」ということと関係があるのか。まさにその出来事によって神に等しい方として立てられたからです。もっともこの時には、まだ十字架にかかっておられません。弟子たちもこれから何が起ころうとしているのか、全く理解していません。

しかし父なる神とイエス・キリストの間では、決定的な事柄はもうすでに始まっているのです。イスカリオテのユダがこの部屋から出て行った時に、スタートボタンが押されたと言ってもよいでしょう。実現に向けて動き出したのです。「人の子は栄光を受け（た）」は、アオリストというギリシア語の過去形が用いられています。しかし、ここの用法は特殊で、過去の出来事ではなく、やがて起こることが確実である出来事を指しています。

「神が人の子によって栄光をお受けになった」とは、イエス・キリストが十字架にかかることによって、父なる神のほうも、私たちの神であることが明らかにされた、ということでしょう。そして「神が人の子によって栄光をお受けになったのであれば、神もご自身によって人の子に栄光をお与えになる」（32節）というのです。ちょっと頭がこんがらがりそうですが、こちらの「栄光をお与えになる」は、十字架より後のことだとすれば、復活を指しているのでしょうか。だとすれば、これは隠れた復活預言と言えるでしょう。

別れの言葉

「子たちよ、今しばらく、私はあなたがたと一緒にいる。あなたがたは私を捜すだろう。『私が行く所にあなたがたは来ることができない』とユダヤ人たちに言ったように、今あなたがたにも同じことを言っておく」（33節）。

かつてイエス・キリストは、ユダヤ人たちに対して、「あなたがたは、私を捜しても、見つけることがない」（7・34）と語られました。どんなに殺そうと思っていても、神が定められる時までは決して捕まえられないということでした。しかし今はその同じ言葉を弟子たちに向かって語られるのです。もちろん、彼らはイエス・キリストを殺そうとしているわけではありません。イエス・キリストを慕い、どこまでも一緒にいたいと思っています。しかしそのように願ってもそれがかなわない日が来る。別れの言葉なのです。そして別れを語りつつ、慰めの言葉、励ましの言葉を、次々と語られることになります（14・18～19、16・7～8など）。

「互いに愛し合いなさい」

さて別れの説教の最初に語られたのが、「あなたがたに新しい戒めを与える」という言葉であり、こう続けられます。「互いに愛し合いなさい。私があなたがたを愛したように、あなたがたも互いに愛し合いなさい」（34節）。イエス・キリストは弟子たちの足を洗った後で、「あなたがたも互いに足を洗い合うべきである」（13・14）と語られましたが、ここではそれを「あなたがたも互いに愛し合いなさい」と、より普遍的な言葉で命じられるのです。これはヨハネ福音書全体の主題であると言ってもよいでしょう。繰り返し出てきます（15・12など）。本当に伝えたいことであるからです。

「新しい戒め」と言っても、「互いに愛し合う」というのは、当たり前のことのように聞こえます。ヨハネの手紙にも、こういう言葉があります。

「愛する人たち、私があなたがたに書き送るのは、新しい戒めではなく、あなたがたが初めから受けていた古い戒めです。その古い戒めとは、あなたがたがかつて聞いた言葉です。しかし、私は、あなたがたにこれを新しい戒めとしてもう一度書き送ります。それは、イエスにとっても、あなたがたにとっても真実です。闇が過ぎ去り、すでにまことの光が輝いているからです。光の中にいると言いながら、きょうだいを憎む者は、今なお闇の中にいます。きょうだいを愛する者は光の中にとどまり、その人にはつまずきがありません」（一ヨハネ2・7〜10）。

これは、「互いに愛し合う」ことが昔からよく知っていることであるにもかかわらず、実行するのがいかに難しいことであるかを示していると思います。だからこそ、イエス・キリストという光のもとで、イエス・キリストに愛されていることを出発点にしながら、新しい戒めとして聞かなければならないのです。この文章はずっと先まで続き、「子たちよ、言葉や口先だけではなく、行いと真実をもって愛そうではありませんか」（一ヨハネ3・18）と結ばれます。このイエス・キリストの新しい戒めが私たちの世界に実現するならば、その時こそ、世界平和が実現するでしょう。イエス・キリストは、模範としてそれを示されたのでした。

56　心を騒がせるな

14章1〜4節

ニーバーの祈り

「心を騒がせてはならない。神を信じ、また私を信じなさい」(1節)。イエス・キリストは、この前のところで、「私の行く所に、あなたは今付いて来ることはできない」(13・36)と言われたので、弟子たちは不安になり、胸騒ぎを覚えたのでしょう。この「(心を)騒がせる」というのは、本来、水が掻き立てられる動きを意味する言葉です。

この言葉から、私は二十世紀の偉大な神学者の一人であったラインホルド・ニーバーの有名な祈りを思い出しました。

神よ、変えることのできないものを受け入れる平静さを、
変えるべきものを変える勇気を、

そしてこの両者を見分ける知恵をお与えください。

深い内容をもった、すばらしい祈りであると思います。ここで「平静さ」と訳された言葉は、英語ではセレニティー（serenity）という言葉です。セレニティーは、晴朗、うららかさ、のどかさ、といようような意味であり、そこから、「心の平静、落ち着き、沈着」という二次的な意味が派生した言葉です。ここでニーバーが「お与えください」と祈った「平静さ」、「勇気」そして「知恵」。この三つは、信仰の賜物です。

先日、ある病気をなさった方から、こういう言葉を聞きました。「私は、今本当に信仰をもっていてよかったと思います。今まで何年も何十年も信仰をもってきたつもりですが、こんなにありがたいことだとは思いませんでした。心の平安を保っていられます」。

ただ誤解しないように注意しなければなりません。信仰をもたない多くの人は、「宗教というのは、人間が心の平安を保つためにあるのだ」と考えます。しかし、そのことと先の言葉とは、一見同じようなことを言っているようでいて、全く違います。何が違うか。後者の言葉の前提には、宗教とは、心の平安を得るために、人間が作ったものだという理解があります。そこに神様がいるかいないかは問題ではありません。神様と出会っていない人の言葉です。果たしてそのようにして本当の平安（セレニティー）を得られるのだろうかという気もします。

「宗教はアヘンだ」というマルクスの言葉があります。この言葉は、それなりに大事な意味をもった、そして信仰をもつ人間には、自己吟味の言葉として、真剣に聞くべき言葉でしょう。マルクスがこの言葉を語った時には、実際に、宗教がアヘンのように、人々の心をマヒさせ、社会変革を妨げる働きをすることがありました。しかしこのニーバーの祈りは、そのような（偽りの）宗教とは、質的に異なるものです。あるいはそうした次元を超えた深いものです。むしろ変革の勇気を与えてくれるものこそ、本当の信仰と言えるのではないでしょうか。

根底にあるものこそが大事

もっとも「心の平静さ」というのは、信仰の賜物ではありますが、信仰の目的ではありませんし、信仰の条件でもありません。

信仰をもっている人間であれば、どんな時にも平静さを保っていることができるのだろうと思われがちですが、必ずしもそうではありませんし、その必要もありません。

椎名麟三というクリスチャン作家が何かの対談で、「自分が死ぬ時には、きっと『死にたくない。死にたくない』と言いながら、往生際の悪い死に方をするに違いない」と言っていました。印象深く読みました。

ある牧師が晩年になって、「南無阿弥陀仏、南無阿弥陀仏」と言ったという、笑うに笑えないようなエピソードもあります（きっと認知症だと思いますが）。私は、それでもいいと思うのです。最も大事なことは、私たちの心が平安であるかどうかということではない。もっと大事なことが、その奥、その根底にある。それはイエス・キリストが共にいるという事実。イエス・キリストが私たちを受けとめてくださっているという事実。その事実こそが、最も大事なことなのです。

この時の弟子たちは、信仰をもっていたにもかかわらず、動揺したのです。心を騒がせざるを得なかった。それでも主イエスに受け入れられていました。何よりもイエス・キリストご自身も心を騒がせられたということが記されています。ご自分がこれから受けるべき苦難を預言するような言葉を語りながら、「今、私は心騒ぐ」とおっしゃいました（12・27）。さらに、イスカリオテのユダが自分を裏切ることになると言われた直後、「イエスはこう話し終えると、心を騒がせ、証しして言われた」（13・21）と記されています。イエス・キリストご自身が、必ずしも心の平静さをいつも保っておられたわけではなかったことがわかります。イエス・キリストご自身も、祈ることによってセレニティーが与えられ、同時にそれを引き受けていく勇気も与えられていったのでしょう。

永遠の世界への招き

「私の父の家には住まいがたくさんある。もしなければ、私はそう言っておいたであろう。あなたがたのために場所を用意しに行くのだ。行ってあなたがたのために場所を用意したら、戻って来て、あなたがたを私のもとに迎える。こうして、私のいる所に、あなたがたもいることになる。」（2～3節）

この言葉はしばしばお葬式の時に読まれる箇所でありますが、これはただ単に死後の世界のことを言っているのではありません。イエス・キリストはどういうお方であるのか、一体何をするために、この地上へ来られたのか。それを端的に語っている言葉であると思います。イエス・キリストのふるさと、父のふところ、天の住まい、別の言葉で言えば、永遠の世界から、私たちの、この限られた時間をもつ世界に来られた。神が人になられたとは、そういうことです。無限のお方が有限の中へ、永遠のお方が時間の中へ入ってこられた。何のためにそうなさったのか。それは私たちを永遠の世界へと招き入れるためです。ですから、これは私たちが生きている時であろうと、死ぬ時であろうと、そうです。主イエスがこの世界に来てくださったことによって、私たちは永遠の世界をかいま見ることが許された。そして主イエスに連なって、そこへ行くことが許されるのです。

57 道・真理・命

14章4〜14節

指し示す方が、指し示される

イエス・キリストが「私がどこへ行くのか、その道をあなたがたは知っている」（4節）と語られた時、トマスはこう問い返しました。「主よ、どこへ行かれるのか、私たちには分かりません。どうして、その道がわかるでしょう」（5節）。

フィリポもまた、「主よ、私たちに御父をお示しください」（8節）と言いました。信仰の不安を語っています。

トマスに対しては、こう答えられました。

「私は道であり、真理であり、命である。私を通らなければ、誰も父のもとに行くことができない。」（6節）

これは、ヨハネ福音書がこれまで何度も用いてきた「私は……である」（エゴー・エイミ）という定式にのっとったものです。

この「道」は、単に「通路」ということではないでしょう。日本語の「道」という言葉も、「書道」「華道」「剣道」「柔道」などもっと深い意味で使われます。そこでは、道を究めることそのものが目的です。

イエス・キリストは、「真理を知る道」「命に通じる道」であるだけではなく、「真理」そのもの、「命」そのものであり、深い意味で「道」そのものです。道として指し示すお方が、同時に「救い主」として指し示されていると言えるでしょうか。この方を通して、私たちは永遠の世界とつながることができるのです。

人間から神様のほうへ行く道はないのです。「バベルの塔」の物語（創世記11・1～9）は、人間が神のようになろうとして、天にまで届く塔をつくろうとしましたが、それができなかったことを示しています。唯一、人間の世界と神の世界がつながるとすれば、それは神のほうから道がつけられた時でしょう。そしてまさにその二つの世界を結び合わせてくださったのが、イエス・キリストでありました。私たちは、そのお方につながることによって、永遠の世界、天の父の住む家に連なることが許されるのです。

「あなたがたが私を知っているなら、私の父をも知るであろう。いや、今、あなたがたは父を知っており、また、すでに父を見たのだ。」（7節）

旧約聖書では、「人間が神様を見ることはできない。神様を見た者は死ぬ」と言われていました（出エジプト記33・20など）。しかしそうした中で、イエス・キリストは、あえて見える形をとり、人間の姿になって私たちの世界に来てくださいました。その方を通して、私たちは父なる神を見るのです。この後、イエス・キリストと父なる神様はいかに一体であるかということを、言葉を変えながら語っていますが、本質的なことは、すでに「私は道であり、真理であり、命である。私を通らなければ、誰も父のもとに行くことができない」という6節の言葉に尽くされていると思います。

他宗教の否定ではない

ただ「私を通らなければ、誰も父のもとに行くことができない」という言葉は、注意して聞く必要があります。これは、キリスト教だけが真実な正しい宗教で、他宗教を否定しているということではないでしょう。キリスト教の歴史においては、確かにそのように「キリスト教以外に救いなし」というふうに考えられてきたこともあります。また、「洗礼を受けたクリスチャンは天国へ行けるけれども、洗礼を受けていない人は救われない」と考える人もいるかもしれません。

しかしそのような排他的なキリスト教理解は、キリスト教中心の欧米社会の、非欧米社会に対する文化的優越感と無理解を、さらに言えば、欧米社会の帝国主義的な侵略と支配を助長してしまったことを振り返って見る必要があるでしょう。

6節の主イエスの言葉は、これから別れようとしている弟子たちに向かって励ましの言葉として語られていることを思い起こしたいと思います。これまでご自分が身をもって教えてきたこと、さらにこれから十字架を通して示そうとしていることを忘れずにいるように、と伝えようとしているのです。

主イエスご自身は、当時の他宗教についてはほとんど何も語っておられません。ユダヤ人であった主イエスは、むしろある種のユダヤ人たちがもっていた排他主義や優越意識を戒めておられます。

「私を通らなければ、誰も父のもとに行くことができない」という言葉を、少し広い文脈で理解するならば、私は、「誰かが父なる神のところに行くとすれば、（その人がそれを知ろうと知るまいと、その人がクリスチャンであろうとなかろうと）そこには必ずイエス・キリストがかかわっておられる」という信仰を言い表しているのだと思います。

もちろん他宗教を信じている人（たとえばイスラム教徒の人たち）はそんなふうには考えないでしょうが、私たちは、自分の信仰理解として、「イエス様はあの人をも愛し、あの人のためにも十字架で死に、あの人にも道をつけてくださっている」と信じることができるのではないでしょうか。

私たちが信じる神は三位一体の神、父・子・聖霊なる神です。聖霊は、私たちの小さな想定を超えて働く方です。この箇所ではイエス・キリストが父なる神と一体であることが強調されていますが、その方は聖霊なる神として、イエス・キリストを直接知らない人たちにも働いているのだと私は思います。

イエスの名によって願う

「私が父の内におり、父が私の内におられると、私が言うのを信じなさい。もしそれを信じないなら、業そのものによって信じなさい。」（11節）

10章38節でも、「私を信じなくても、（私が行っている）その業を信じなさい」と語られていました。「木の良し悪しはその実によって分かる」（マタイ12・33）ということにも通じるでしょう。

最後に、主イエスは、こう言われます。

「私の名によって願うことを何でもかなえてあげよう。こうして、父は子によって栄光をお受けになる。」（13節）

イエス・キリストは、父なる神様と一体であるがゆえに、そう語ることを許され、そう語る権威をもっておられるのです。私たちは、祈りの終わりに、「主イエス・キリストの御名によって祈ります」と言いますが、その根拠もここにあります。この主イエスを信頼し、そこに身を置いて生きていきましょう。

58　聖霊は今日も働く

14章15〜24節

ユビキタス（遍在）の神

「私は父にお願いしよう。父はもうひとりの弁護者を遣わして、永遠にあなたがたと一緒にいるようにしてくださる。」（16節）

イエス・キリストという方は、「インマヌエル」すなわち「神は私たちと共におられる」（マタイ1・23）という神の約束が見える形で実現したお方でした。見える形、人の形をとって、この世界に宿られたということは、永遠に存在するお方が、あえて時間の中に入ってこられたということを意味しています。あるいは場所に限定されないお方が、ある場所の中に入ってこられたということを意味しています。

これはとても大きな福音ですが、それだけでは私たちの時間と空間とは関係がない、二千年前のユダヤ・パレスチナ地方の一角における出来事に過ぎないということになっていたでしょう。二千年前にユダヤ・パレスチナ地方で起きた出来事が単に遠い昔の遠い国の話ではなく、今の私、あるいは私たちに深い関係があること、それを告げ知らせるのがペンテコステです。「神は私たちと共におられる。二千年前のあの約束は今も有効である。そして今なお、生きて私たちに働いておられる」。この神こそ、聖霊なる神なのです。

ですから極端に言えば、ペンテコステがなければ、クリスマスもイースターも私たちとは関係がないことになります。ペンテコステこそがクリスマスとイースターを私たちに関係あるものにしているのです。

使徒言行録によれば、イエス・キリストは、復活の後、四十日間、復活の体をもってこの地上に留まられ、その後天に昇られました。「昇天」とは、イエス・キリストが地上から離れて行かれた出来事ですから、それだけでは寂しいことのように思えますが、昇天があったからこそ、イエス・キリストはあの時間と場所に限定されることなく、私たちと共にいてくださることが可能になったと言えるでしょう。

コンピューター用語に「ユビキタス」という言葉があります。ラテン語で「遍在」という意味です。「いつでもどこでもインターネットに接続可能」ということを指していますが、このユビキタスというのは、元来、神様の一つの特質を表す神学用語でした。神様はいつでもどこにでもおられるということです。それは聖霊なる神として、私たちの上に実現したということができるでしょう。

みなしごにはしない

「この方は、真理の霊である。世は、この霊を見ようとも知ろうともしないので、それを受けることができない。」(17節)

今、霊が働いているということは、この世の次元で見るならば、わからない。だから受け入れられない。「イエス様はわかるけれど、聖霊はよくわからない」という方が時々ありますが、イエス様が今も生きて働いておられると信じていること自体が、実は聖霊の働きによるのです。遠い昔、遠い国に生きたイエス・キリストが、今の私に関係があると信じるということは、聖霊を受けていることなのです。「この霊があなたがたのもとにおり、これからも、あなたがたの内にいるからである」(17節)。永遠に変わることのないお方が、私たちの「もとに」、「内に」いてくださる。この二重の表現も意味深いものです。

「私は、あなたがたをみなしごにはしておかない。あなたがたのところに戻って来る。しばらくすると、世はもう私を見なくなるが、あなたがたは私を見る。私が生きているので、あなたがたも生きることになる。」（18～19節）

聖霊を強く感じた経験

私は、二〇〇四～五年頃、聖霊の働きを強く感じる経験をしました。それは、コンゴ民主共和国出身のアルセンヌ・グロジャさんとの出会いです。彼は、祖国コンゴ民主共和国の内戦において、目の前で家族全員を虐殺された後、不思議な導きにより命からがら日本へ逃げてきた人でした。二〇〇三年九月に入国した後、難民申請をしましたが認められませんでした。日本の難民認定は国連の難民規定を無視し、世界基準ともかけ離れ、極端に厳しいのです。異議申し立てをしましたが、二〇〇四年九月、それも却下され、その場で品川にある東京入国管理局に収監拘束されてしまいました。

私は、ある女性の依頼により、彼に面会に行くようになったのですが、収監拘束されている彼の姿や表情は、あたかも現代に生きるキリストのように神々しく輝いて見えました。共に祈る時、特に彼の祈りを聞く時、私の心は熱く燃えました。

私は、こうしたことは遠い世界のニュースとしては了解していましたが、そのように迫害を受け、そこから逃れて助けを求めている人が、私のすぐそばにいるとは想像もしませんでした。

私は、「今日《こんにち》、『我は聖霊を信ず』と告白するとは、どういうことか」と思いました。それは「神様が今も生きて働いていることを信じる」ということに他なりません。そして「私は、あなたがたをみなしごにはしておかない」という約束は、アルセンヌさんのことと関係ないはずはない、と思いました。

アルセンヌさんへの面会を依頼してきた女性は、その後、経堂緑岡教会において熱心に教会生活を送り、半年後に洗礼を受けました。彼女の受洗を機に、教会を挙げてこの問題に取り組むようになりました。全国の諸教会に向けて、アルセンヌさんの「仮放免と在留特別許可を求める署名願い」を出し、これに対し、全国から一万五千人以上の署名が集まりました。

アルセンヌさんとその女性は、彼が収監中に婚姻届けを出しましたが、それでも国外退去命令はなかなか取り消されませんでした。しかし署名活動その他の支援活動が功を奏したのか、少しずつ解決の方向に向かい、数年後に特別在留許可が下りたのです。

私は、何かに突き動かされるように、この問題に取り組みました。そして私だけではなく、多くの人たちがこの活動を通して、信仰が燃える経験をしました。

アルセンヌさん夫妻とは、今も親しい交わりがあります。私は、あの時、イエス・キリストが、アルセンヌさんとして、私に出会ってくださり、私の信仰に再び火を付けてくださったのだと思います。

そういうことこそが聖霊の働きなのです。

59 キリストの平和

14章25〜31節

聖霊の二つの働き

「私は、あなたがたのもとにいる間、これらのことを話した。しかし、弁護者、すなわち、父が私の名によってお遣わしになる聖霊が、あなたがたにすべてのことを教え、私が話したことをことごとく思い起こさせてくださる。」（25〜26節）

聖霊とは一体どういう方であるのか。二つの点に注意してみましょう。一つは、「私が話したことをことごとく思い起こさせてくれる」ということ、もう一つは、「あなたがたにすべてのことを教えてくれる」ということです。イエス・キリストは、「父が私の名によってお遣わしになる聖霊」と言われました。聖霊はイエス・キリストの代わりに、イエス・キリストの名によって働かれるのです。聖霊に満たされて何かをする、あるいは何かを語るということは、どんなに新しいことを語ろうとも、これまで誰もしなかったようなことをしようとも、それは必ずイエス・キリストの言葉につながっています。イエス・キリストの言葉に根拠がある。そこから離れてしまうならば、どんなに熱くなって語ろうとも、キリストの聖霊によるもの、キリスト教の信仰とは言えません。糸の切れた凧のように、キリスト教から離れてどこかへ飛んでいってしまうでしょう。

二つ目は、「（新しく）すべてのことを教えてくれる」ということです。聖霊は、今私に働きかけて、何をなすべきかを教えてくれる。いつも新しい教えとして迫ってくるのです。そうでなければ、イエス・キリストの言葉や業は過去のものになってしまうでしょう。「いつも新しい」ということと「必ずキリストの言葉にさかのぼることができる」ということ、クリスチャンは一見反対に見えるこの二つの緊張関係の中に置かれているのです。

ボンヘッファーのファネー講演

イエス・キリストは次にこう言われました。「私は、平和をあなたがたに残し、私の平和を与える。私はこれを、世が与えるように与えるのではない」（27節）。

キリストが与える平和は、この世が与える平和とは与え方が違うというのです。一体どこが違うのでしょうか。ディートリッヒ・ボンヘッファーは、一九三四年にデンマークのファネーで行われた

「教会と諸民族世界」という講演の中で興味深いことを語っています。

「平和はどのようにして実現するのでしょうか？　政治的な諸条約を結ぶことによってでしょうか？　いろいろな国に国際的な投資をすることによって、つまり、大銀行やお金によってでしょうか？　あるいは、平和を確実にするためのさまざまな軍備を拡張することによってでしょうか？　いいえ。これらすべてをもってしても、平和は実現しません。その理由は、そこでは〈平和〉と〈安全保障〉が取り違えられているからです。安全保障という道によっては決して平和に到達できない。……安全保障を追求するということは、［相手に対して］不信の念を持つことを意味するからです。そして、この不信が戦争を生み出すのです」

（村上伸『ディートリッヒ・ボンヘッファー　ヒトラーとたたかった牧師』日本キリスト教団出版局、78頁）

一九三四年と言えば、ヒトラーが台頭してきた時です。彼はまさにその時にこの講演をしたのでした。キリストが与える平和というのも、そうしたことと関係があると思います。さらに、パウロの有名な言葉を心に留めたいと思います。

「キリストは、私たちの平和であり、二つのものを一つにし、ご自分の肉によって敵意という隔ての壁を取り壊……されました。こうしてキリストは、ご自分において二つのものを一人の新しい人に造り変えて、平和をもたらしてくださいました。十字架を通して二つのものを一つの体として神と和解させ、十字架によって敵意を滅ぼしてくださったのです。……このキリストによって、私たち両方の者が一つの霊にあって、御父に近づくことができるのです」（エフェソ2・14～18）。

「両方の者」と言う時、パウロは二つの違った立場があることを認めています。「キリストが与える平和」とは、力によるものではなく、誰か自分以外の人に犠牲を強いるものでもなくて、むしろイエス・キリストが自分の体を裂かれたことの上に、つまり十字架の上に成り立つ平和なのです。

「心を騒がせるな。おびえるな。『私は去っていくが、また、あなたがたのところに戻って来る』と言ったのを、あなたがたは聞いた。私を愛しているなら、私が父のもとに行くのを喜んでくれるはずだ。父は私よりも偉大な方だからである。」（27～28節）

弟子たちにしてみれば、主イエスとの別れを喜ぶなど考えられないことであったでしょうが、イエス・キリストの「どうか心を合わせて欲しい」という思いが伝わってくるような気がします。

事が起こる前に

「事が起こったときに、あなたがたが信じるようにと、今、そのことの起こる前に話しておく」(29節)。イエス・キリストは、遺言のようにして多くのことを語られましたが、それらの言葉が弟子たちの記憶に残っていたでしょう。

御言葉を蓄えることの大切さを思います。「キリストの言葉が、あなたがたの内に豊かに宿るようにしなさい」(コロサイ3・16)。自分の内に蓄えられた御言葉が、何かしらの危機にあった時に、生きてくるのです。

多くの聖書の言葉を知っていればいるほど、それだけ神様とのパイプが多いといえるかもしれません。聖霊は、そのように蓄えられた御言葉を通して、私たちに働きかけてきます。聖霊が、イエス・キリストの言葉を、新しく私たちに思い起こさせてくださるのです。私たちはしばしば、「イエス様がおっしゃったのは、こういうことだったのか」と、前から知っていた聖書の言葉の深い意味を悟ることがあるのではないでしょうか。

聖書をぱっと開いて、目に飛び込んできた言葉が、語りかけてくるということもあるかもしれませんが、むしろ今まで自分がさまざまな機会に聞いてきた言葉が、何かの折にぱっとひらめいて、語りかけてくるというほうが多いように思います。

私たちは、日々新しく聖書の言葉に触れ、聖書の言葉に励まされて、その日その日を過ごしています。イエス・キリストは、「立て。さあ、ここから出かけよう」（31節）と、弟子たちに呼びかけられました。私たちも、このイエス・キリストの言葉を聞きながら、聖霊を受けて、ここから出て行き、力強く主イエスの弟子としての道を歩んでいきましょう。

60　ぶどうの木と枝

15章1～10節

ぶどうの木の栽培

「私はまことのぶどうの木、私の父は農夫である」（1節）。パレスチナ地方はぶどうの産地であり、人々に親しまれた植物でしたので、旧約聖書においても、しばしばイスラエルの民がぶどうの木にたとえられました。

あなたはエジプトからぶどうの木を引き抜き
諸国民を追い出して、これを植えられました。
あなたはそのために地を開き
根を下ろさせ、地を満たされました。
その陰は山々を覆い

その枝は神の杉を覆いました。（詩編80・9〜11）

ここでは神様のなさった業が、「ぶどうの木の栽培」にたとえられています。さらにその苦しみについて述べた後、詩人はこう言います。

私たちはあなたを離れません。
私たちを生かしてください。
私たちはあなたの名を呼び求めます。
　万軍の神、主よ、私たちを元に返し
　御顔を輝かせてください。
その時、私たちは救われるでしょう。（詩編80・19〜20）

「私たちはあなたを離れません」という言葉は、ヨハネ福音書15章の「ぶどうの木と枝」を彷彿とさせます。

宣言と命令

「私につながっている枝で実を結ばないものはみな、父が取り除き」（2節）。厳しい警告の言葉ですが、これに続けて慰めと励ましの言葉が語られます。「実を結ぶものはみな、もっと豊かに実を結ぶように手入れをなさる。私が語った言葉によって、あなたがたはすでに清くなっている」（2〜3節）。

私たちは、よい実を結ぶように、自分で一生懸命、清くならなければならない、と思うかもしれませんし、そうならなければ、自分は切り捨てられるのだろうかと不安になるかもしれません。しかし主イエスは「私が語った言葉によって、あなたがたはすでに清くなっている」と言ってくださいました。命令以前に、事実として、そう宣言されたということを心に留めたいと思います。

「私につながっていなさい。私もあなたがたにつながっている」（4節）。私たちに呼びかけると同時に、主イエス自身がそのように手を差し伸べておられる。そういう姿勢がよく表れているのではないでしょうか。

「あなたがたはその枝である」（5節）という宣言と「私につながっていなさい」（4節）という命令は、一見矛盾するように見えます。しかしその表現は、信仰の本質をついていると思います。イエス・キリストはぶどうの木として、私たちと関係をもち、私たち一人ひとりをその枝として結び付けてくださる。しかもそのようにご自分から積極的に言われる。それは確かな事実です。しかし私たちはそれを見失い、離れて行ってしまう。深いところでは、受けとめられているけれども、私たち自身が認識していなければ、実際には離れているのと、同じ状況になってしまうのではないでしょうか。「信じない者はすでに裁かれている」（3・18）と言われているとおりです。「従って行く」という呼びかけへの応答が伴っていなければ、本当に「聞いた」「信じた」ということにはならないでしょう。

ですからこういうふうに命令と宣言が同時に語られる時、そこには、私たちに、「本来的な自分に帰れ。主イエスが何をしてくださったかを思い起こせ。そしてその主イエスの言葉の中に留まり、その愛に生きよ」と言われているように思うのです。

私たちは、信仰をもって生きる時に、どこまでも、このまことのぶどうの木から離れることができないということをわきまえておかなければなりません。一般の社会では、一人前になったら自立するということもあるでしょう。しかし信仰生活には、それはありません。まことのぶどうの木、先生であり、友と呼んでくださるその方から、一歩離れてしまっては、もはや信仰とは言えません。ですから教会で私たちが信仰生活を続けるというライフスタイルには、卒業はあり得ません。ある意味で、一生求道者であり続けるのです。そして一生つながっていなければ、命を失ってしまうものです。私たちは、しばしばそれを忘れがちですが、いつもそこへ立ち帰って行くようにということが促されているのではないでしょうか。

何でも願いなさい

「あなたがたが私につながっており、私の言葉があなたがたの内にとどまっているならば、望むものを何でも願いなさい。そうすればかなえられる。」（7節）

マタイ福音書では、「求めなさい。そうすれば、与えられる」（マタイ7・7）という無条件の表現でした。しかし私たちは、「本当にそうかな。必ずしもそうはならないではないか」という思いをもつのではないでしょうか。実際、私たちが求めているものがそのまま与えられるわけではありません。なぜなら私たちではなく、主イエスこそが本当に何が必要であるかをご存じであるからです。私たちの求めとは違った形で、あるいはそれを超えた形で、応えられることもしばしばあります。

「あなたがたが私につながっており、私の言葉があなたがたの内にとどまっているならば」というふうに、条件付きの表現になっているのは、「どんな願いもすべて言うとおりにかなえられるわけではない」ことを示しているようです。たとえば「神様、どうかあの人を殺してください。あの国を滅ぼしてください」というような願いが、そのまま聞き届けられるわけではないということは、かえって救いでしょう。その奥にある願いは何か。本当は何を求めているのか。神様は、それを私たちよりも一つ高い次元で受けとめて応えてくださるのではないでしょうか。

「私の愛にとどまりなさい。私が父の戒めを守り、その愛にとどまっているように、あなたがたも、私の戒めを守るなら、私の愛にとどまっていることになる。」（9～10節）

この言葉は、二つのことを指し示しています。一つは、私たちがこの愛を受けて生きていることを、いつも思い起こしなさいということです。イエス・キリストこそが愛であることを忘れないようにしなければなりません。もう一つは、「あなたもその愛に生きよ」ということです。主イエス自身が示してくださった、その愛を、私たちも実践する。それがまことのぶどうの木につながる枝として、求められていることです。

61　私が選んだ

15章11～17節

選ばれた者として生きる

「あなたがたが私を選んだのではない。私があなたがたを選んだ。」（16節）

何と深遠な言葉でしょうか。この言葉を、自分に語られた言葉として受けとめる時に、私たちの人生は変わり始めるのではないでしょうか。この言葉は、恵まれた人生を歩んでいると感じている人にとっても、逆に人目に不運と見られるような経験をしている人にとっても、それぞれに大きな意味をもった言葉であると思います。

環境に恵まれ、お金に恵まれ、あるいは才能に恵まれている。人からそう思われ、自分でもそう思う。そういう人は、ただ、自分はラッキーだと思ったり、いや自分の努力でそれを得たのだと思ったりしてはならないでしょう。そこに私たちの傲慢が入ってきます。またその恵みを自分自身のために用いるにとどめてはならないと思います。神様は何らかの意図があって、そうした恵み、そうした賜物を与えられたのだということを、考えなければなりません。そこに神様の選び、目的というものを見抜く目をもっていただきたいと思います。

しかしまた逆に、「よりによって、自分はどうしてこんなつらい経験をしなければならないのか」と思う人にも、この言葉は心に響いてくるのではないかと思います。ヨハネ福音書9章に、生まれつき目の見えない人の話が出てきます。彼を見ていた弟子たちは「この人が生まれつき目が見えないのは、誰が罪を犯したからですか。本人ですか。それとも両親ですか」（9・2）と尋ねました。主イエスは、それに対して、「本人が罪を犯したからでも、両親が罪を犯したからでもない。神の業がこの人に現れるためである」（9・3）とお答えになりました。自分の人生に対して否定的な思いをもっていた多くの人が、この言葉によって生の転換を経験してきました。

「神様は、何らかの理由があって、これを自分に委ねられたのだ」。もちろん、これは決して他人がどうこう言うことはできないものです。「あなたがこういう障碍《しょうがい》をもっているのも賜物の一つだ」と言うのは、無責任な押し付けでしょう。それが賜物として受け入れられるかどうか、恵みと感じられるかどうかは、あくまでその人と神様との関係におけることだと思います。

「私があなたがたを選んだ」

私が、「あなたがたが私を選んだのではない。私があなたがたを選んだ」という言葉を、ある種のショックをもって受けとめたのは、留学中の一九八九年、ニューヨークのある教会において、でありました。それはウォール・ストリートという金融街にある聖公会のトリニティー・チャーチという教会でした。アメリカ最古の教会の一つです。その教会の玄関に小さなパンフレットがあり、その冒頭にこの聖句が大きく記されていました。それは、同性愛の人々を招くためのパンフレットでした。

今日の医学や社会学など、さまざまな学問での共通理解は、同性愛というのはその人自身が、好きで選んでいるのではないということです。気がついたら、自分は同性愛者であったということです。隠すことはできたとしても、変えられるものではありません。それを否定しなければ、自分の人生は祝福されないのか。同性愛の人は大きなチャレンジを受けています。私は、当時は全く考えたことのない問題でしたが、「本当の自分を隠すことによってしか祝福されない生を、神様は創造されるはずがない。むしろ変わらなければならないのは社会や教会のほうだ」と思い、納得できました。

この聖公会の教会は、「あなたがたが私を選んだのではない。私があなたがたを選んだ」という言葉によって、そうした同性愛の人の「生」を肯定し、積極的な意味づけをしているのです。厳しいかもしれないけれども、また逆風の中を歩むことを強いられるかもしれないけれども、神様は何らかの意図があって、あなたにそういう「生」を与えたのだというメッセージです。私は目から鱗が落ちたように思いました。そしてその後の私の歩みにも大きな影響を与えるものになりました。それから三十年以上になりますが、今では同性愛だけではなく、さまざまなセクシュアル・マイノリティ（LGBTQ）の人々のことも、社会や教会で少しずつ受け止められるようになってきました。

真の友なるイエス・キリスト

神様は、無責任に私たちを選び、召されるのではありません。このところでイエス・キリストは愛について語られました。「友のために自分の命を捨てること、これ以上に大きな愛はない」（13節）。こうした真実な愛は、私たち人間同士の世界でなかなか見ることはできません。自分を犠牲にしているわざとらしさがつきまとうことが多いものです。この言葉を最もよく示しているのは、イエス・キリストの生涯、そして死であると思います。ご自分の命を賭けて私たちを選び、招いておられる。そしてそこから「私があなたがたを愛したように、互いに愛し合いなさい。これが私の戒めである」（12節）と言われるのです。

イエス・キリストが友として、私たちのために命を捨ててくださった。そしてそのイエス・キリストご自身が、私たちを友と呼んでくださった。

「私の命じることを行うならば、あなたがたは私の友である。私はもはや、あなたがたを僕とは呼ばない。僕は主人のしていることを知らないからである。私はあなたがたを友と呼んだ。父から聞いたことをすべてあなたがたに知らせたからである。」（14〜15節）

僕、召使いは、主人の言われたとおりにしなければなりません。自分の判断を差し挟む余地はありません。しかし私たちと主イエスの関係は、そうではない。イエス・キリストの思いを知って、納得してそれに従う。だから「友」だとおっしゃるのです。その「友」は、私たちのこの世のすべての友を超えています。この世の友は、どんなに親しくても裏切られる可能性があります。

世の友われらを　捨てさるときも
祈りに応えて　なぐさめられる。（『讃美歌21』493「いつくしみ深い」3節より）

この世の友がどうであろうと、イエス・キリストだけは真の友としていてくださる。そのイエス・キリストが、私たちを選び、召し出されるのです。

62　私も憎まれた

15章18～27節

イエス・キリストと「世」

「世があなたがたを憎むなら、あなたがたを憎む前に私を憎んだことを覚えておくがよい。」（18節）

これまでの1～17節では「愛」という言葉が軸となっていましたが（9、12、13節など）、このところでは、一転して「憎しみ」という言葉が軸になっています。ちなみに「憎む」という単語は、新約聖書全体では四十一回、またヨハネ福音書全体で十二回出てくるそうですが、そのうち七回がこの段落に集中しています。

イエス・キリストと「世」、ひいては、弟子たちと「世」の対立関係がここに示されるのです。イエス・キリストと「世」の関係は、二面的です。「世」はイエス・キリストの伝道の対象であり、愛の対象でした。しかし「世」はイエス・キリストを知らず、イエス・キリストを憎み、迫害し、殺そうとします。

それは、イエス・キリストが真実な光であるがゆえに、「世」の偽善性を見抜き、その「罪」を明らかな光のもとに置くからでしょう。イエス・キリストの存在や言動は、当時の人々にとって、大きな脅威でした。その言葉は真実であるがゆえに、無視できない存在なのです。イエス・キリストという光がまぶし過ぎたのです。イエス・キリストは、太陽のような神の光をこの「世」という場所で映し出す鏡のような存在であったと言えるかもしれません。そこでは何もかも映し出されてしまう。だから人はその鏡を壊してしまえば、もう安全だと思い込むわけです。

国益を損なうような発言、国の体制を脅かすような発言をする者は憎まれ、時には殺されそうになります。たとえば、私が住んでいたブラジルをはじめとするラテンアメリカは、一九六〇～八〇年代に、(反共産主義の)軍事政権下、厳しい迫害がありました。国の体制を批判する人々が誘拐されて行方不明になったり、殺されたりしました。

日本においても、戦前、戦中においてはそのような言論統制がなされていました。国に対して、町に対して、敵対する発言をするまいと思っても、国や町を愛するがゆえに批判的に語らざるを得ないということがあるのではないでしょうか。

内村鑑三の「二つのJ」

無教会の指導者であった内村鑑三は、「二つのJを愛する」と言いました。二つのJというのは、JapanとJesusです。彼にとって、イエス・キリストを徹底して愛するということと日本を愛することとは一つのものでした。表面的には、日本に敵対しているように聞こえる言動も日本への愛のゆえでした。

彼のお墓には

I for Japan;
Japan for the World;
The World for Christ;
And all for God.

と刻まれています。日本語にすると、

我は日本のため、
日本は世界のため、
世界はキリストのため、
そしてすべては神のために。

となります。

イエスの弟子ならば

「私があなたがたを世から選び出した。だから、世はあなたがたを憎むのである。」（19節）

イエス・キリストの弟子であろうとするならば、当然そういうことは起こってくるであろうと言われます。ヨハネ福音書が書かれた当時の人々は、実際にそうした迫害の最中にありました。その時に「イエス様もそうだった」ということを思い起こしたのです。それは大きな励ましと慰めであったでしょう。

「『僕は主人にまさるものではない』と、私が言った言葉を思い出しなさい。人々が私を迫害したなら、あなたがたをも迫害するだろう。」（20節）

主イエスに従おうとする時、私たちは自分の十字架を担って従っていくのだということを思います（マタイ16・24参照）。

さてそれらを踏まえながらですが、私はこれらの言葉を、自己正当化するように聞いてはならないと思います。私たちが誰かと敵対する時に、安易にそれをイエス・キリストの弟子として正当化することもあるのではないでしょうか。そこで私たちはまた、別の間違いを犯し始める。「自分はイエス様に従っているから、こういう目にあうのだ」と、自分を正しい側に置き、自分の敵対者を悪者にしてしまう。そのようにして、かえって神様の御心から離れていくこともあるでしょう。

現在起きている世界中の戦争も宗教戦争のような様相を呈していますが、本当に自分は、あるいは自分たちは御心に従っているだろうかと、徹底的に吟味しなければならないと思います。

また、ここでのイエス・キリストの言葉を自分にあてはめてみる時に、自分の中にイエス・キリストに属する部分と、「世」に属する部分があることを思います。並列しているのです。そして自分自身の中で対立が起きている。それをきちんと自覚しつつ、「世」に属して「世」に従っていこうとする古い自分を、イエス・キリストと共にいることで克服することが求められているのだと思います。そうは言っても、自分でできることではないでしょう。主イエスは、「私はぶどうの木、あなたがたはその枝である」（５節）と言ってくださいました。ぶどうの木に、私たちが必死にしがみつくのではなく、すでに連なっているのだという事実を、福音として聞き取りたいと思います。

「私が父のもとからあなたがたに遣わそうとしている弁護者、すなわち、父のもとから出る真理の霊が来るとき、その方が私について証しをなさるであろう。」（26節）

この聖霊こそが、まことの弁護者であり、私たちがいかなる状態にあっても、励まし、力づけてくださいます。また間違いを犯していたら、ただしてくださるでしょう。

パウロは、「霊もまた同じように、弱い私たちを助けてくださいます。私たちはどう祈るべきかを知りませんが、霊自らが、言葉に表せない呻きをもって執り成してくださるからです」（ローマ８・26）と言いました。そういうふうに「聖霊が私たちを導いてくださる。イエス・キリストと一つにしてくださる」という信仰をもって、自分を謙虚に見つめ、苦しみにあう時には、イエス様の姿を思い起こしながら、苦難に打ち勝っていきたいと思います。

63 今理解できなくても

16章1〜15節

悲しみに沈む弟子たち

ここから16章に入ります。内容的には13章21節から続くイエス・キリストの弟子たちへの別れの言葉の一部です。

イエス・キリストは、弟子たちに向かって、「今私は、私をお遣わしになった方のもとに行こうとしている。それなのに、あなたがたのうち誰も、『どこへ行くのか』と尋ねる者はいない」（5節）と言われました。ただこの長い話が始まった頃、ペトロは「主よ、どこへ行かれるのですか」（13・36）と尋ねていますし、トマスも「主よ、どこへ行かれるのか、私たちには分かりません」（14・5）と食いつくように尋ねていました。主イエスの話を聞いているうちに、弟子たちもだんだん黙り込んでしまったのでしょうか。

主イエスは、続けて「私がこれらのことを話したので、あなたがたの心は苦しみで満たされている」（6節）と言われました。主イエスが弟子たちを懸命に励まそうとされているのが伝わってきます。

「しかし、実を言うと、私が去って行くのは、あなたがたのためになる。私が去って行かなければ、弁護者はあなたがたのところに来ないからである。私が行けば、弁護者をあなたがたのところに送る」（7節）。

この弁護者というのは、これまでも何回か出てきました（14・16など）。聖霊と言い換えてもよいでしょう。肉体をもったイエス・キリストと、共に過ごすことが許された弟子たちは、とても幸運であったと思いますが、その時イエス・キリストは、ある限定された場所におられたわけです。ですから、肉体をもったイエス・キリストがその場所を去って行かれるからこそ、肉体に束縛されない聖霊として、いつでもどこでも、どの弟子に対しても、共にいてくださることが可能になるのです。主イエスはそのことを、弟子たちに告げようとされたのでしょう。

罪、義、裁き

「その方が来れば、罪について、義について、また裁きについて、世の誤りを明らかにする」（8節）。罪と義と裁きについて、一般的に考えられていることは誤りであり、聖霊が、それらについて正しい理解を与えてくれるということです。しかしその後のイエス・キリストの説明は、わかりにくいものです。

まず「罪についてとは、彼らが私を信じないこと」（9節）と言われました。当時、罪とは、（旧約聖書の）律法に違反することと考えられていました。しかしイエス・キリストは、そうではなく、自分を信じないことが罪だと言うのです。これは、逆に言えば、イエス・キリストを信じることによって、罪から解放されるということもできるでしょう。それを信じないならば、どんなに自分を正しく神様のほうへ向けようとしても、罪は残るということです。

次に「義についてとは、私が父のもとに行き、あなたがたがもはや私を見なくなること」（10節）と言われました。義というのは、聖書の中で最もわかりにくい言葉のひとつでしょう。本来的には、「正しさ」「神様との正しい関係」を表す言葉です。旧約聖書では、人は律法を守ることによってそれ（義）を示すとされていました。しかし、どんな人間であっても、それを完全に示すことはできないので、矛盾に陥ってしまいます（ローマ3・20など）。イエス・キリストは、それとは違った道を示されました。イエス・キリストが十字架と復活を経て父なる神様のもとへ行き、一体となられる時にはじめて、私たちと神様の関係が正しい関係と認められる、「義」が成立する（ローマ3・21など）。そのことを言おうとされたのではないでしょうか。

三つ目に「裁きについてとは、この世の支配者が裁かれたことである」（11節）と言われました。

イエス・キリストの時代、そしてヨハネ福音書が書かれた時代にも、クリスチャンたちは、迫害のさなかにありました。あたかもこの世の支配者であるかのようにふるまっている人たちがいました。しかし彼らは本当の支配者ではなくて、神様が本当の支配者であり、実は彼らが裁かれていたことが明らかになる時が来ると言おうとされたのではないかと思います。

聖書にじっくり取り組む

「言っておきたいことはまだたくさんあるが、あなたがたは今はそれに堪えられない」（12節）と言われました。新共同訳聖書では、「今、……理解できない」となっていました。私自身、「罪と義と裁きの話は、難しいなあ」と思っていたのを、見透かされている思いがしました。「しかし、その方、すなわち真理の霊が来ると、あなたがたをあらゆる真理に導いてくれる」（新共同訳では、「あなたがたを導いて真理をことごとく悟らせる」）と付け加えられました。聖霊が、私たちを真理に導き、悟らせてくれるのです。

「その方は、勝手に語るのではなく、聞いたことを語り、これから起こることをあなたがたに告げるからである」（13節）。ここで聖霊の二つの大事な働きについて述べられています。一つは、「勝手に語るのではなく、（父なる神やイエス・キリストから）聞いたことを語る」ということ、もう一つは、

「これから起こることを告げてくれる」ということです。これは、14章26節の「弁護者、すなわち、父が私の名によってお遣わしになる聖霊が、あなたがたにすべてのことを教え、私が話したことをことごとく思い起こさせてくださる」という言葉に通じることでしょう。

長い説教です。「今は堪えられない」と言いながら、「いつか理解できる日が来る」と言って言葉を置いていかれました。弟子たちは、不十分な理解のまま、これらの言葉をあたためていったのでしょう。そして後になって、「ああイエス様がおっしゃったのは、こういうことだったのか」と、新しく聖霊に教えられていったのではないでしょうか。

それは、今日の私たちにもあてはまることです。聖書の言葉は、私たちの心にすっと入ってくることもありますが、同時に、なかなかわかりにくい奥深いものでもあります。今日は、何でも早わかりの時代、インスタントの時代です。本でも「何々のすべて」とか「何々の早わかり」というような類のものがもてはやされます。しかし簡単なものはそれだけ薄っぺらいものです。「わかった」と思った途端に、もういらなくなってしまう。私たちを通り過ぎていく。しかしそうしたものと違って、深い味わいがあり、私たちを根底から生かしてくれる書物、それが聖書です。

64 神の国へのサウダージ
16章16〜24節

苦しみは喜びに

「しばらくすると、あなたがたはもう私を見なくなるが、またしばらくすると、私を見るようになる。」（16節）

「しばらくすると」という言葉が二回出てきます。これから「しばらくすると」自分はいなくなる。しかしまた「しばらくすると」帰ってくる。イエス・キリストは、二つ先まで読んでおられるのです。「しばらくすると」は、原語のギリシア語では、ミクロンという言葉です。ミクロンとは、現代では一ミリの千分の一を指す単位です。ミクロの世界という言葉もあります。目に見えない小さな世界です。それほど短い間、というニュアンスでしょう。

時間の感覚は、主観的なものです。「しばらく」というのも、それがどれくらいの長さなのかは状況次第です。同じ時間でも、楽しい時間はあっという間に過ぎますが、苦しい時間は言いようもなく長く感じたりします。

「よくよく言っておく。あなたがたは泣き悲しむが、世は喜ぶ。あなたがたは苦しみにさいなまれるが、その苦しみは喜びに変わる。……私は再びあなたがたと会い、あなたがたは心から喜ぶことになる。その喜びをあなたがたから奪い去る者はいない。」（20～22節）

この時、弟子たちは不安と恐れのただ中にありました。ただ主イエスはまだ目の前におられるわけですから、苦しみはそれほど感じていないかもしれません。しかし、主イエスは彼らの苦しみを先取りして、その苦しみは一時的なものだと言って慰め、その先には喜びが待っていると告げられるのです。

サウダージ

私はこの箇所を読みながら、ポルトガル語のサウダージ（Saudade）という言葉を思い起こしました。「サウダージ」は、ポルトガル語の中で最も美しい言葉であると言われます。他国語に訳すのが難しいのですが、一般的には、「ノスタルジア」「郷愁」と訳されます。

サウダージとは、「本来そこにあるべきものが欠けている状態において、それを熱く求める気持ち」と言えばよいでしょうか。「どこそこへ行きたい。でも行けない」、「何々が欲しい。でも手に入らない」、「誰それに会いたい。でも会えない」、そうした熱い思いです。単なる過去への郷愁ではありません。

私は、約八年間ブラジルで宣教師として働きましたが、前半の四年間は一度も日本に帰りませんでした。最初のうちは平気でしたが、三年を超えたあたりから、無性に日本へのサウダージが強くなりました。急に日本の夢を見るようになりました。何でもないことですが、「日本の本屋を一日中うろうろ歩いてみたいなあ」などと思いました。

昔、ブラジルへやってきた日本人たちがそうしたサウダージを強くもったことが、何となくわかりました。サンパウロの教会員の一人は、「空港へやってきては、『あの飛行機に乗れば日本へ帰れるのだなあ』と考えた」と言っておられました。今は逆に、私の中でブラジルへのサウダージが突然、膨れ上がることがあります。

「イエス・キリスト、世界の希望」

ブラジルには、このサウダージをモチーフにした「イエス・キリスト、世界の希望」(Jesus Cristo, Esperança do Mundo) という美しい賛美歌があります。ブラジル・ルーテル教会の S. Meincke, E. Reinhardt, J. Gottinari という三人によって作られたもので、この曲の歌詞の3節、4節、5節には、サウダージという言葉が冒頭に出てきます。直訳すると、次のようになります。

1　現在の少し向こうで
未来は喜びをもって告げる
夜の影は去り、新しき良き日の光が射すと
※御国が来ますように、主よ
命の祝宴が再び開かれる
私たちの期待と熱意は大きな喜びに変わる

2　希望のつぼみは開く
咲こうとする花の予感

豊かな生命をもたらすあなたの臨在の約束（※繰り返し）

3

邪悪のない世界、蝶の羽と花の
楽園（エデン）へのサウダージ
憎しみも痛みもない世界
平和と正義と兄弟愛へのサウダージ（※繰り返し）

4

争いのない世界へのサウダージ
平和と純潔への願い
武器もなく死も暴力もなく
体と体、手と手が出会う（※繰り返し）

5

支配者のいない世界へのサウダージ
そこには強者も弱者もいない
宮殿とバラック小屋を生み出すシステムが

すべて崩壊する（※繰り返し）

6
私たちは今すでに貴重な種
御国の保証をもっている
未来が現在を照らし出す
あなたは来る。決して遅れることはない（※繰り返し）

この「サウダージ」は、単に昔のエデンの園（3節）をなつかしむということではありません。エデンの園を思い起こしつつ、神の国が実現しますようにという「熱い思い」が歌われているのです。ブラジルは大変な貧富の差のある国です。サンパウロのような大都会では、極端に偏った富と極端な貧しさが隣り合わせになっているため、治安の悪さなど多くの深刻な社会問題を引き起こしています。ブラジルなど南米から、「神は貧しい人を優先される」という「解放の神学」が生まれてきたのは、きわめて自然なことであり、ある意味で当然のことでした。この賛美歌も、その「解放の神学」のメッセージを歌った賛美歌だと言えるでしょう。

私はこの賛美歌の日本語歌詞を作ってみました（242頁）。残念ながら「サウダージ」という言葉は入れられませんでしたが、どうぞ歌ってみてください。（原題でネット検索すると、いくつかの演奏を聴くこともできます。）

弟子たちに向かって、主イエスは「一時《いっとき》は、あなたがたを苦しめる者が勝ち誇ったように喜ぶことになるが、それがずっと続くわけではない。やがてそれは過ぎ去る。やがて覆されることになる」と告げられました。

私たちに対しても、今の試練、苦しみが取り去られ、必ず喜びの日がやってくるという約束が与えられているのです。

65　勇気を出す

16章25〜33節

遺言中の遺言

13章後半より四章にわたって続いたイエス・キリストの別れの説教の締めくくり部分です。その最後にこう語られています。「あなたがたには世で苦難がある。しかし、勇気を出しなさい。私はすでに世に勝っている」（33節）。何と力強い、そして慰めに満ちた言葉でしょうか。私たちの心に、直接、響いてくる言葉です。この言葉、実は、私の高校時代からの愛唱聖句です。力強い言葉で、昔からこの言葉にどれほど励まされてきたか、わかりません。

青年には青年なりの悩みがあります。壮年には壮年の、熟年には熟年の悩みがあります。いや子どもにだって、子どもなりの悩みがあるものです。そこで押しつぶされそうになる。ここで「苦難」と訳された言葉は、圧迫、重圧というニュアンスのある言葉です。それはどんなに文明が発達しようと変わらないものです。

機械は発達し、多くのものを作れるようになりましたが、それだけ忙しくなりました。乗り物が発達し、どこへでも行けるようになりましたが、それだけ活動半径が広がり、仕事が多くなりました。コンピューターが発達し、世界は大きく広がりましたが、それだけ問題も世界規模で広がってしまいました。医学は発達し、さまざまな病気が克服されてきましたが、それと同時に、新しい病気も生まれてきました。二〇二〇年以来、世界中に広がった新型コロナウイルス感染症はその最たるものでしょう。現代人には、現代人ならではのストレスがあります。メンタルクリニックが、これまで以上に重要な時代になってきました。

そうした中、この16章33節の言葉こそは、私たちが、どんな困難な課題、苦しみ、悩みに遭遇しようとも、自分を見失わないで生き抜く、そしてそれを乗り越えていく人生の秘訣が含まれているのではないでしょうか。イエス・キリストの遺言とも言える長い別れの説教の締めくくりの言葉でありますが、まさに遺言中の遺言、結論です。この言葉を告げるために、イエス・キリストは、この世に来られたと言っても過言ではないでしょう。

ひとりでも独りぎりではない

「私はこれらのことを、たとえを用いて話してきた。もはやたとえによらず、はっきり父について知らせる時が来る」（25節）。これまでは「私は良い羊飼いである」（10・11）、「私はまことのぶどうの木」（15・1）などさまざまなたとえで、ご自分が誰であるかということを示されてきました。しかしここから先は、十字架への道です。まさにその行為を通して、父の御心、つまり自分が何をするために来たかを示されることになります。

弟子たちは別れの言葉を聞き、「今は、はっきりとお話しになり、少しもたとえを用いられません。あなたがすべてのことをご存じで、誰にも尋ねられる必要がないことが、今、分かりました。これで、あなたが神のもとから来られたと、私たちは信じます」（29～30節）と答えました。弟子たちは主イエスの言葉を聞いて、「信じます」とはっきり告白しています。聖書にあらわされた神様を信じるということは、漠然と「この天地を創られた方がおられるのだろう」ということではなくて、むしろ聖書という言葉によって、イエス・キリストが誰であるかを知り、信じる、そういう信仰です。

しかしそれでも、私たちはどこまでも誤解している部分があります。この時、弟子たちも「今、分かりました」というのですが、イエス・キリストは、「今、信じると言うのか。見よ、あなたがたが散らされて、自分の家に帰ってしまい、私を独りきりにする時が来る。いや、すでに来ている」（31～32節）と言われました。

またまた弟子たちを不安にさせるような言葉です。しかし実際、そのようになっていくのです。このすぐ後、イエス・キリストは逮捕されます。その時、弟子たちは、去って行ってしまうのです。イエス・キリストはそのことさえも、すでにご承知であり、その上で弟子たちを受け入れておられるのです。

そして同じように私たちを受け入れてくださっているのです。私たちも「今、分かりました。信じます」と言いながら、次の瞬間にはどうなるか分からない、そういう不安定なものであります。それを承知しながら、主イエスは、そのもう一つ先まで見越して、励ましておられるのです。

イエス・キリストご自身、みんな去ってしまって、ひとりぼっちになってしまうと言いながら、それでも父なる神様が共におられると語られました。これはもう一つ次の時代に、弟子たち自身が経験することです。みんなが去って、弟子たちが「独りきり」にされてしまう時が来る。それでもあなたがたは「独りきり」ではない。「私は、あなたがたをみなしごにはしておかない」(14・18)。そういう御言葉が二重写しになってきます。そして「勇気を出しなさい。私はすでに世に勝っている」と締めくくられたのでした。

イエス・キリストが共に歩まれる

私は牧師です。牧師という仕事は、祝福の多い仕事、教会の人と共に歩む、幸いな仕事であると思っていますが、ある面、孤独な仕事でもあります。さまざまな問題に直面する中で、ひとりで向き合わなければならないことも多いものです。誰にも言えないし、言ってはならないこともあります。当然のことです。しかしそうしたところでこそ、私たちはイエス・キリストによって支えられているのだと知り、励まされるのです。

「勇気を出す」ということは、「くよくよするな。とにかくがんばれ」というようなことではありません。そのようなことであれば、私たちはかえって不安になったり、そうできない自分とのギャップに悩まされたりするものです。あるいは、先を見ないで何か自爆テロのような形で「勇気を出して死ね」と言われても、それはおかしなことです。

本当に勇気を出してよい、その根拠が聖書の中にあります。私たち自身は、苦難の中、悩みの中にある。さまざまな問題に取り囲まれている。八方ふさがり。どこから突破口を見つけたらよいのかわからないような状態の中に置かれている時に、イエス・キリストはすでにそれを克服しておられる。そしてそのイエス・キリストが共にいてくださることによって、私もそれを乗り越えることができる。それが信仰の最も大きな賜物ではないでしょうか。

66　永遠の命

17章1～5節

大祭司の祈り

ヨハネ福音書17章は、全体が「大祭司の祈り」と呼ばれます。イエス・キリストがここで弟子たちのために、大祭司として父なる神に執り成しの祈りをなさるのです。これまで弟子たちに向けていた目を、今度は神に向け、神に向かって語り始められる。今度は人間の側の代表として、神に向き合っておられるのです。

イエス・キリストの祈りは、福音書のあちこちに記されています。主の祈りがそうですし、有名なゲッセマネの祈り（マタイ26・39など）もそうです。十字架上の「父よ、彼らをお赦しください。自分が何をしているのか分からないのです」（ルカ23・34）という祈りを数えることもできるでしょう。しかしそれらはすべて断片的な短いものです。その意味で、この祈りは、一章全体におよぶ長いものであり、イエス・キリストの祈りを知る上で、貴重なものと言えるでしょう。

時が来ました

イエス・キリストは「時が来ました」と厳かに祈り始められました。これまで「私の時はまだ来ていない」と言われていましたし、福音書記者ヨハネも「イエスの時はまだ来ていなかったからである」と記していました（ヨハネ2・4、7・6、7・30、8・20など）。しかしその後、12章23節では、「人の子が栄光を受ける時が来た」と語られました。そして続けて、「一粒の麦は、地に落ちて死ななければ、一粒のままである。だが、死ねば、多くの実を結ぶ」（12・24）と言われました。主イエスが栄光を受ける時というのは、死ぬ時に他ならなかったのです。そして、それがいよいよ実現しようとしているのです。

イエス・キリストは、こう祈られました。「あなたの子があなたの栄光を現すために、子に栄光を現してください」（1節）。わかりにくい言葉です。父なる神が栄光を受けるために、父が遣わされた子（イエス・キリスト）が栄光を受けなければならない。子なるイエス・キリストが栄光を受けることによって、父なる神に栄光が帰せられるというのです。そのようにして父なる神が本当に神として立てられるということでしょう。

しかし、それは「栄光を受ける」という言葉から思い浮かべられるような華々しいことではなく、実際には、先ほど述べたように、十字架にかかって死ぬことを指しています。それを通してでしか、神に栄光が帰せられないのです。そのことをイエス・キリストは、ここで心して受けとめておられたのです。しかしそれは人の目には隠されていました。

人の目に「今こそ」と思えても、神にとってまだその時ではないこともしばしばありますし、人の目に早すぎると思えても、神にとっては、「今」ということもあります。

物事に成果が表れない時など、私たちはいらいらしたり、失望してしまったりしがちです。しかし神様が必ず、よい時を定めておられると信じて、今自分にできること、与えられたことを一生懸命励むことが大事であると思います。

イエス・キリストを知ること

「あなたは、すべての人を支配する権能を子にお与えになったからです。こうして、子が、あなたから賜ったすべての者に、永遠の命を与えることができるのです。」（2節）

前半の言葉は、子（キリスト）が父なる神によってまことの支配者として立てられたということでしょう。そうであるがゆえに、キリストは、すべての人に永遠の命を与えることができるようになりました。

「永遠の命とは、唯一のまことの神であられるあなたと、あなたのお遣わしになったイエス・キリストを知ることです。」（3節）

この言葉は、後の時代に、イエス・キリストの言葉として挿入されたのであろうと言われます。イエス・キリストが、ご自分のことを指して「イエス・キリストを知る」と言われるのは不自然ですし、ヨハネ福音書記者にしても、普通は「イエス」と言い、「イエス・キリスト」という言い方はほとんどしません（例外は1章17節）。文体も少し違うようです。ただ内容的にいえば、神を知ることとイエス・キリストを知ること、それこそが永遠の命だと、ここで宣言されているのです。

初代の教会から、リレーのバトンのように受け継がれてきた「使徒信条」の一番終わりに、「永遠の命を信ず」という箇条があります。『ハイデルベルク信仰問答』は、このところの解説で次のように語っています。

問58　『永遠《とこしえ》の命』という箇条は、

あなたにどのような慰めを与えますか。

答　わたしが今、永遠《えいえん》の喜びの始まりを

心に感じているように、

この生涯の後《のち》には、目が見もせず耳が聞きもせず、

人の心に思い浮かびもしなかったような

完全な祝福を受け、

神を永遠にほめたたえるようになる、ということです。

（『ハイデルベルク信仰問答』吉田隆訳、新教出版社、51〜52頁）

私たちは今、イエス・キリストに連なることによって、永遠の喜びの始まりを感じています。前倒しに、今、この生を生きている間に、イエス・キリストを知り、神様を知る喜びを与えられています。今、すでに感じているものが、この生涯の後には、もっと完全な形となる。私たちの「目が見もせず耳が聞きもせず、人の心に思い浮かびもしなかったような」という表現は、この世に存在するどんなものをも、はるかに超えているということでしょう。私たちのもっている語彙《ごい》（言葉）は限られてい

ますし、私たちが想像できるイメージも限られています。ですから永遠の命についてもすべてがわかるわけではありません。しかしやがて来るべき終わりの日には、それらすべての覆いが取り除かれて完全な祝福を受けるというのです。

　私たちは親しい人の死に直面した時に、悲しみの淵に立たされます。立派な信仰をもった人が若くして突然亡くなるような時には、「どうしてこの人がこういう死を迎えなければならないのか。この人の信仰は一体何だったのか。どうして助けてくださらなかったのか」と割り切れない複雑な思いをもつこともあります。ぽっかりと穴があいてしまったような空虚感が募ります。むしろそうした時に、神様の「時」を思い、そして神様は私たちの思いを超えて、きっと最もよい時を備えてくださったのだという信仰をもつことによって、悲しみやつらさ、空しさを乗り越えていく力が与えられていくのではないでしょうか。

67　世にある弟子たち

17章6～19節

世から選び出され、世から憎まれる

ここには、世とイエス・キリストの弟子たちの関係が詳しく記されています。注意深く読んでみますと、それは四つの言葉でまとめられると思います。

一つ目は、弟子たちは、世から選び出された者であるということです。「世から選んで私に与えてくださった人々」とあります。この世から召し出されている。最初、弟子たちのいた場所は、他の人々と同じ場所です。そこから弟子として選び出されていく。出発点です。「世から選んで私に与えてくださった人々に、私は御名を現しました。彼らはあなたのものでしたが、あなたは私に与えてくださいました」（6節）。ただしもっとさかのぼれば、もともと神様のものであったけれども、今、それがはっきりとわかるようにしてくださったということになるでしょう。

ところが、世から選び出された弟子たちは、皮肉なことにというか、当然なことにというか、世に憎まれる者として立っている。二つ目は、世から憎まれるということです。「私は彼らに御言葉を伝えましたが、世は彼らを憎みました」（14節）。この世と対立する部分がどうしても出てくる。イエス・キリストが世に憎まれて、そして十字架にかかって死んでいかれたわけですから、そのイエス・キリストに従っていく弟子たちも、多かれ少なかれ、それに似たものとされ、この世と対立する部分が出てきます。この世から選び出されて、この世と対峙するかのようにして異質なものとしてある、ということです。

世には属さず、世へと遣わされる

三つ目は、世に属していないということです。「私が世から出た者でないように、彼らも世から出た者ではないからです」（14節）。新共同訳聖書では、「世に属していない」と訳されていました。「世から出た者ではない」のほうが原語に近いのですが、内容的には「世に属していない」のほうがわかりやすいかもしれません。主イエスは、この世に来られましたが、そのふるさとは天にある者として生きられました。「狐には穴があり、空の鳥には巣がある。だが、人の子には枕する所もない」（マタイ8・20）と言われました。イエス・キリストに従って生きる弟子も同じように、世に属する者ではなくなるのです。

それは、私たちの意志によってそうなるというよりも、イエス・キリストが聖別してくださるのです。イエス・キリストは、こう祈ってくださいました。「真理によって、彼らを聖なる者としてください。あなたの言葉は真理です」（17節）。

私たちは、世に属さない者として、寄留者のように生きているのです。天に国籍をもつ者として、地上を生きている。それがクリスチャンの姿です（フィリピ3・20参照）。

しかし、それで終わりではありません。この世から憎まれ、この世に属さない者として生きるのですが、この世から離れてしまうわけではありません。隠遁《いんとん》するかのように生きるのではありません。再びこの世の中へと遣わされていく。

イエス・キリストは、「私がお願いするのは、彼らを世から取り去ることではなく、悪い者から守ってくださることです」（15節）と言われました。さらに「（あなたが）私を世にお遣わしになったように、私も彼らを世に遣わしました」（18節）とあります。クリスチャンはこの世に迎合しないけれども、この世から遊離して生きるのではありません。逃げることはできないのです。

四つ目は、世に遣わされるということです。この世の真っただ中で生きる。この世の中から召し出されて、イエス・キリストのものとされ、聖別されて、再びこの世へと派遣されるのです。キリストのものとして、この世と対立しながらも、この世の真っただ中で生きていく。そこには、イエス・キリストのこの世への愛があります。この世はイエス・キリストを憎み、イエス・キリストを死に追いやったわけですが、イエス・キリストはこの世をどこまでも愛されました。「神は、その独り子をお与えになったほどに、世を愛された。御子を信じる者が一人も滅びないで、永遠の命を得るためである」（ヨハネ3・16）。この父なる神の愛を独り子イエスも受け継がれましたが、その弟子となる者も、同じように世を愛していくことが求められているのです。

聖なる者とされるため

イエス・キリストは、この箇所の終わりのところで、「彼らのために、私は自らを聖なる者とします」（19節）と言われました。これから起ころうとしていること、つまり十字架にかかって死ぬということ、それを父なる神様に向かって、改めてご自分の意志としてお示しになったと言えるでしょう。

そして「彼らも、真理によって聖なる者とされるためです」（19節）と続きます。この「聖なる者とされる」ということは、イエス・キリストの犠牲によって、その罪がゆるされるということと同時に、イエス・キリストに続く者として、私たちも自分を捧げて生きるのだという、両方の意味があると思います。

私たちは、この世の中でどう生きていくのか。たとえば毎年十二月に入ると、クリスマスの飾りが街を覆い、日本中の人がクリスチャンであるかのようになります。私は、それはそれで悪くないと思います。ただそうした中で、私たちクリスチャンは、まことのクリスマスの意義を考え、そこに現された父なる神の意志を深く思いながら、それが私たち自身の献身へとつながっていくことを心に留めたいと思うのです。

「彼ら」、つまり私たちが一つとなるためには、どうすればよいか。世界が分裂しているということを強く思わされる時であります。宗教の違いや、考え方の違い、文化の違いがさらに増幅するようにして、敵対心を生み出し、戦争へとつながっていく。私たちはそうした世界に生きています。神様の御心に反して進んでいくように見えます。

そのような世界においても、イエス・キリストの弟子となる者は、この世が一つとなることのために召されているのです。そのために私たちが働くということは、ある意味で、この世の流れに逆らうような面があります。この世に憎まれるようなことがどうしても出てくる。いやそうした中でこそ、私たちが何をなしていくかが問われているのです。

68　ひとつになるため

17章20〜26節

後の時代の弟子たちのために

ヨハネ福音書の17章は、イエス・キリストの長い執り成しの祈りです。6節から19節は、イエス・キリストの目の前にいる弟子たちのための執り成しの祈りですが、それを受けて、ここから空間的にも時間的にも、大きく広がっていきます。

「また、彼らについてだけでなく、彼らの言葉によって私を信じる人々についても、お願いします。」（20節）

「彼らの言葉によって私を信じる人々」つまり、まだ存在しない後の教会の人々です。これは信仰の幻です。その人々のために祈られたということは、この祈りには私たちも含まれているということです。私のために、私たちのために、イエス・キリストは、すでに十字架の前夜に祈ってくださっていたのでした。

「父よ、あなたが私の内におられ、私があなたの内にいるように、すべての人を一つにしてください。彼らも私たちの内にいるようにしてください。」（21節）

イエス・キリストと父なる神はすでに一体であることを前提にしながら、主イエスと父なる神様の、その交わりの中にすべての人を入れるという大きな祈りです。

「そうすれば、世は、あなたが私をお遣わしになったことを信じるようになります。」（21節）

何とスケールの大きな祈りでしょう。イエス・キリストの宣教の目的が、外へ外へと広がり、すべての人が神をあがめるようになることと同時に、すべての人が一つになるということが見えてきます。

エキュメニカル運動の原点

「私たちが一つであるように、彼らも一つになるためです。」（22節）

エキュメニカル運動の本拠地ともいえる、ジュネーブにあるＷＣＣ（世界教会協議会）の本部前には、このイエス・キリストの言葉が刻まれています。

「エキュメニカル」という言葉は、日本語にするのが難しいのですが、あえて訳すならば、「世界教会的な」「教会一致の」となるでしょうか。語源的には、「人が住む世界」を意味する「オイクーメネー」というギリシア語に由来します。皇帝アウグストゥスが住民登録を命じた「全領土」もこの言葉です（ルカ2・1参照）。

さらに「オイクーメネー」という言葉は、「家」を意味する「オイコス」という言葉にさかのぼることができます。

「エキュメニズム」（エキュメニカルであること）とは、この地球が「神の大きな家」であることを覚え、そこに住む人々が互いに尊敬し合い、自然を大切にし、共に生きるということになるでしょう。ちなみにエコロジー（生態学）、エコノミー（経済）の「エコ」も「オイコス（家）」に由来し、これら三つは深いところでつながっています。それぞれの視点から「神の大きな家」について考えることなのです。教会の歴史においては、古くから（三二五年の第一回ニケア公会議以降）広い地域に散在する諸教会の対話に基づく会議のことを「エキュメニカルな会議」（公会議）と呼んできましたが、この言葉が特別な意味をもつようになるのは二十世紀以降の「エキュメニカル運動」においてです。それまで別々に活動していた教会・教派が出合い、共通の課題に取り組むようになります。二十世紀前半に「世界宣教会議」、「生活と実践」世界会議、「信仰と職制」世界会議等が始まり、それらが合流して一九四八年にＷＣＣが創立されました。

ＷＣＣは、創立直後（一九五一年）に、エキュメニズムを、「全世界に福音を宣べ伝える全教会の課題全体にかかわるすべてのこと」と定義しています。

「私が彼らの内におり、あなたが私の内におられるのは、彼らが完全に一つになるためです。」（23節）

エキュメニカル運動というのは、ただ単に伝統や思想の違う教会が、いわば妥協して仲良くしていこうということではありません。イエス・キリストがすでに、父なる神様との間にもっておられる豊かな交わりに、私たちも引き入れられて一つになっていくということが根底にあるのです。

すべての人を一つにしてください

「父よ、私に与えてくださった人々を、私のいる所に、共にいるようにしてください」（24節）。「私のいる所」とは、「天の国」「天国」と言ってもよいでしょう。力強く、慰めに満ちた言葉です。

「私は彼ら（世の人々）に御名を知らせました。また、これからも知らせます。私を愛してくださったあなたの愛が彼らの内にあり、私も彼らの内にいるようになるためです。」（26節）

少しまわりくどい言い方ですが、ここに宣教の最終目的が記されています。イエス・キリストの壮大な祈りです。弟子たちの言葉によっていつか後の世の人々が神の愛を信じるようになる。その人たちがすべて一つになる。紛争がなく、愛の内に一つとなっていく。主イエスはそういう幻を見ておられたのです。それは、やがて終わりの日に完全に達成されるものでしょうが、私たちはやがて来るそうした神の国を仰ぎ見ながら、それを先取りするように一致の幻を見ることを許されているのではないでしょうか。

22節に「あなたがくださった栄光を、私は彼らに与えました。私たちが一つであるように、彼らも一つになるためです」とありますが、栄光を与えた「彼ら」というのは、「弟子たち」のことだと言えるでしょう。ですから、それは「教派を超えて、キリストの弟子（クリスチャン）たちが一つになる」という狭義のエキュメニカル運動の目標、めざしているものと合致します。

私が興味深く思うのは、その前の「すべての人を一つにしてください」（21節）という主イエスの祈りの言葉です。これは、「教派の違いを超えて、クリスチャンたちが一つになる」ということをさらに超えているのではないでしょうか。そこにあるのは、「すべての人が一つになる」という、いわば広義のエキュメニカル運動の幻です。

すべての人が、この地球という「神の大きな家」の中で共に生きるようになるため、ということが、イエス・キリストの祈りに込められているのです。

69　力強く受難へと進むイエス

18章1〜9節

イエスの逮捕

いよいよここから受難物語へと入って行きます。ヨハネ福音書は、他の三つの福音書には見られない、イエス・キリストの姿を描いています。それは、自ら進んで苦難を引き受けていく、力強い姿です。その典型的なことのひとつは、ゲッセマネの祈りがないということでしょう。他の福音書では、イエス・キリストは、逮捕される前夜、三人の弟子を連れてゲッセマネの園へ祈りに行かれ、そこで「父よ、できることなら、この杯を私から過ぎ去らせてください」（マタイ26・39など）と祈られたことが記されていますが、ヨハネ福音書では、最初からこの葛藤は克服されたものとして、「父がお与えになった杯は、飲むべきではないか」（18・11）とあります。自らそれを受ける決意がなされていることが伝わってくるようです。

こう話し終えると、イエスは弟子たちと一緒に、キドロンの谷の向こうへ出て行かれた。そこには園があり、イエスは弟子たちとその中に入られた。イエスを裏切ろうとしていたユダも、その場所を知っていた。イエスは、弟子たちと共に度々ここに集まっておられたからである。

（1～2節）

イエス・キリストは、わざわざイスカリオテのユダも知っている場所へ行かれました。逃げるために出て行かれたのではないということがわかります。イエス・キリストは、これから起ころうとしていること、つまり逮捕され、裁判にかけられ、十字架にかかり、その上で死ぬということを承知しておられたのです。ここにも、苦難をあえて選び取っていく決然としたイエス・キリストの姿が浮かび上がっています。

天の父なる神様とイエス・キリストの間では、すでに大事なことは決定されていました。イエス・キリストは、ここで、自分を捕らえに来た人たちと向き合っておられますけれども、本当に向き合っているのは、天の父です。目の前にやって来た人々は、イエス・キリストにとって大した相手ではありません。彼らは、物語の進行を決定することはできません。

ユダが引き連れてきたのは、一隊の兵士と、祭司長たちやファリサイ派の人々の遣わした下役たちでした。「一隊の兵士」とはローマ兵士のことです。ローマの兵士がイエス・キリストを捕まえる時から一緒であったと記しているのは、ヨハネ福音書だけです。これからイエス・キリストは、祭司長たちによる宗教裁判を経て、ピラトによる世俗的裁判を受けられるのですが、ヨハネ福音書は、それが最初から宗教的権威と政治的権威の結託したものであったと言おうとしているのでしょう。

「私である」

イエス・キリストは、ご自分のほうから一歩進み出て、「誰を捜しているのか」（4節）と尋ねられました。彼らが「ナザレのイエスだ」と答えると、イエス・キリストは「私である」と言われました。この言葉が発せられた時、彼らは「後ずさりして、地に倒れた」とあります。いかにも力強いイエス・キリストの姿です。その声は、決してどなるような大きな声ではなかったでしょう。むしろ「ナザレのイエスだ」と叫んだ兵士たちの声のほうが、相手を威圧するような大きな声であったと思います。しかしイエス・キリストの、恐らく静かなその声は、相手を倒れさせるほどの力にあふれていたのです。そこには空威張りの権威ではない、真の権威がありました。

ここでイエス・キリストは、同じ問いを二度も発し、二度も「ナザレのイエスだ」と答えさせ、二度も「私である」と語られました。それは、彼らにそのことがわからなかったからではないでしょう。

「私である」。これは、ヨハネ福音書に、これまで何度も出てきた「私は何々である」（エゴー・エイミ）というのと同じ言葉です（「私は良い羊飼いである」「私は復活である」など）。ただし、ここでは「羊飼い」とか「復活」というような補語を置かずに、ただ「私である」（I am）とだけ言われます。「私はいる」とも訳せる言葉です。つまりこれは、旧約聖書の「私はいる、という者である」（出エジプト記3・14）という「神の名」に通じる言葉です。それは「ヤハウェ」という神の名の由来であると言われます。イエス・キリストは、その神の名を示すように、「私はいる」と言ってここに立っておられるのです。

弟子たちを守るイエス

そして「私を捜しているのなら、この人々は去らせなさい」（8節）と言われました。その言葉は、「あなたが与えてくださった人を、私は一人も失いませんでした」（9節）と言われた言葉が実現するためであったというのです。これは17章12節を受けていますが、同時に、「神は、その独り子をお与えになったほどに、世を愛された。御子を信じる者が一人も滅びないで、永遠の命を得るためである」（ヨハネ3・16）という有名な言葉をも彷彿とさせます。

他の福音書では、弟子たちが自分のほうから逃げ出したという書き方ですが（マタイ26・56など）、ヨハネ福音書では、イエス・キリストが弟子たちを逃れさせてあげたという書き方です。弟子たちを守るために、自分のほうから一歩前に進み出られたのです。

ただし単に弟子たちを、下役たちやローマの兵士から逃れさせるのであれば、もっと早くローマの兵隊たちが来る前に逃してやることもできたでしょう。そう考えると、「この人々は去らせなさい」という言葉には、もっと深い意味があるように思うのです。

最初に申し上げたように、ここでイエス・キリストが本当に向き合っているのは目の前にいる人々ではなく、天の父です。ですから「自分はここにいます。ですから弟子たちを（災いから）逃れさせてください」と、（隠れた形で）天の父なる神様に向かって語られていると読むこともできるのではないでしょうか。イエス・キリストは、旧約聖書にあらわされた「私はいる」という神様の名前を、ご自分の存在そのものとして語られました。

「私を捜しているのなら、この人々は去らせなさい」。「私がここにいますから、父よ、この人たちを災いから逃れさせてください」。そのように、大きな翼のもとに、弟子たちを置いてくださいました。同じように私たち一人ひとりをも、置いてくださるのです。

70　弱さを担うキリスト

18章10〜11、15〜18、25〜27節

剣を鞘《さや》に

主イエスが逮捕されようとした時、シモン・ペトロは、自分の持っていた剣を抜いて大祭司の僕に打ちかかって、その右耳を切り落としました。武力で襲いかかろうとする者に対するささやかな抵抗のようなものでした。あるいは、主イエスに対して「あなたのためなら命を捨てます」（ヨハネ13・37）とまで言ったので、そのようにして主イエスを守ろうとしたのかもしれません。

主イエスを守ろうとする。神の権威を守ろうとする。教会を守ろうとする。キリスト教を守ろうとする。そこに真剣に自分の身を置いている者には、自然な気持ちであるかもしれません。しかし力で襲いかかるものに対して、同じように力で対抗していくことに本当の解決はないでしょう。このことは、何でも力で解決しようとする私たちの世界に対する一つの問いかけであると思います。これは武力だけでのことではありません。数の力、暴力的な言葉で、相手をねじ伏せようとすることにも当て

はまるでしょう。

しかしこの時のペトロのように、本当に守られているのは私たちであるということを知らなければならないでしょう。自分の力により頼んで、それを解決しようとするのは、むしろひとつの誘惑であると思います。悪魔は、それで敵対させることをねらっているのです。

「剣を鞘に納めなさい」（11節）という言葉には、ペトロをいさめる気持ちと同時に、主イエスの優しさがにじみ出ていると思います。「そうする必要はないんだ」ということです。がちがちの緊張からゆるめられる。「私たちは今、何をしなければならないのか」。それはその都度、適切に判断していく必要があります。しかし私たちが神様の計画を飛び越えていくことはできません。イエス・キリストの弟子として、大きな守りの中で、そのことを考えていけばよいし、考えていかなければならないのです。

ペトロの目には事柄はどんどん悪いほうへと進んでいくように見えたに違いありません。敵が勝利したように見える。しかしそうした中で神の計画は進行していたのです。

私たちの場合も、目の前にある状況は、悪い方向へ向かっているように見えることもあるかもしれません。しかし突き放されたように見える時も、深い神様の計画の中でそれがなされているのであり、神様に真実に従っていく時に必ずそれに応えてくださる。そのことを信じていらだたないで、まことの主を信頼して歩んでいきたいと思います。

小さな嘘から大きな嘘へ

「シモン・ペトロともう一人の弟子は、イエスに付いて行った」（15節）。「もう一人の弟子」が、ここに登場します。「この弟子は大祭司の知り合いだったので、イエスと一緒に大祭司の中庭に入ったが、ペトロは門の外に立っていた。大祭司の知り合いである、そのもう一人の弟子は、出て来て門番の女に話し、ペトロを中に入れた」（15〜16節）とあります。つまりこの「もう一人の弟子」のおかげで、ペトロも門の中へ入ることを許されたというわけです。シモン・ペトロが右の耳を切り落とした「僕の名はマルコスであった」（10節）というのもそうですが、詳細にこだわるヨハネ福音書らしい書き方です。

それにしても彼らは、どうしてわざわざ逮捕される危険性が高い所へ行ったのでしょうか。他の弟子たちと一緒に逃げていったらよかったのではないでしょうか。「イエスに付いて行った」（15節）という言葉に注目したいと思います。この「付いて行く」というのは、ペトロがイエス・キリストに「網を捨てて従った」（マタイ4・20）時の「従う」というのと同じ言葉です。つまり彼らは、最後まで従いたいと思った。だからこそ危険を冒してまでここに来ているのです。

門番の女がペトロに、こう尋ねました。「あなたも、あの人の弟子の一人ではないでしょうね」（17節）。すっとくぐり抜けられると思ったのが、そう簡単にはいきませんでした。ペトロはとっさに「違う」と言ってしまいました。まさかこんなところで問われるとは思っていなかったのではないでしょうか。最初の嘘とは、誰しもそういうものではないかと思います。不意を突かれて「違う」と言ってしまった。ところが一つの嘘が次の嘘を生み、そして嘘で固めていくようになってしまうのです。最近の国会答弁でも、そのようなことを感じます。

ペトロは第一関門を何とかくぐり抜けて、僕や下役たちが火にあたっているところで一緒に、恐らく少し顔を隠すようにしてじっとしていました。そこで「お前もあの男の弟子の一人ではないだろうな」（25節）と尋ねられるのです。この時は、門番の女の時と少し違います。尋ねたのは複数であり、もう少し公的な性格が出てきている。ペトロは最初の時よりもっと大きな声で、「違う」と強く否定したでしょう。だんだんまわりを警戒するようになり、「何とかしなければならない」というあせりも出てきます。

そこへペトロに片方の耳を切り落とされた人（マルコス）の身内の者が出てきました。自分の身内を傷つけた者を忘れることはありません。「お前が園であの男と一緒にいるのを、私に見られたではないか」（26節）。ペトロは、再び、いや三度、それを打ち消しました。もはや「とっさのことでした」という言い訳はできません。

再び立ち上がらせる

その時鶏が鳴いて、ペトロは主イエスとの会話（ヨハネ13・37〜38）を思い起こしたことでしょう。主イエスのおっしゃったとおりになってしまった。自分は「命を捨てます」とまで言いながら、こんなところで、イエス様を否定してしまった。しかしイエス・キリストは、そのペトロを断罪するのではなくて、再び立ち上がらせ、自分の使徒として立てていかれるのです。ヨハネ福音書21章15節以下には、復活のイエス・キリストがペトロに対して、三度も「私を愛しているか」と尋ねられる会話が記されていますが、それはしばしば言われるように、この時、三度「知らない」と言ったペトロをひとつひとつ赦しているようです。そして再び使徒として立ち上がらせていくのです。ここに、イエス・キリストの大きな愛があります。どんなに裏切られても、どんなに捨てられても、主イエスのほうからは決して捨てることはない。そうした大きな愛を示しているのです。

71　大祭司の尋問

18章12～14、19～24節

アンナスとカイアファ

そこで一隊の兵士とその大隊長、およびユダヤ人の下役たちは、イエスを捕らえて縛り、まず、アンナスのところへ連れて行った。彼が、その年の大祭司カイアファのしゅうとだったからである。（12～13節）

ヨハネ福音書の受難物語は、他の福音書と違っている部分がいくつかあります。まずイエス・キリストを捕らえに来た人たちは、他の福音書では、ユダと剣や棒を持った大勢の群衆ということになっていますが（マタイ26・47など）、ヨハネ福音書では、最初から官憲、ローマの軍隊が動いています。「一隊の兵士」の「一隊」とは、恐らく一軍団（レギオン）の十分の一を指すようです。ここでは百人隊長を飛び越えて、その上に立つ大隊長が指揮をしていたというのです。他の福音書では小さな拉致事件のようですが、ヨハネでは大掛かりな軍隊を率いての逮捕として描かれているのです。

さらに他の福音書と違う点は、イエス・キリストがカイアファの前に、アンナスのもとに連れて行かれたということです（13節）。アンナスは、カイアファのしゅうとであったとのこと。逆に言えば、カイアファはアンナスの娘婿です。大祭司というのは、祭司の中の最高責任者、最高権威です。「その年の大祭司」という書き方から、一年交替の職務であるかのように思えますが、元来は終身制であったようです。

しかし歴史を見てみますと、紀元一五年にローマの総督としてエルサレムに着任したヴァレリウス・グラトゥスは、時の大祭司アンナスをその地位から下ろし、別の人物を大祭司にしました。さらにその後も、しばしば大祭司の更迭を行いました。宗教的権威を骨抜きにし、ローマへの従属意識を高めることをねらったのでしょうか。アンナスは紀元六年から一五年まで九年間、大祭司でした。その後、数人の大祭司が交代した後、カイアファが紀元一八年に大祭司となり、三六年まで十八年間大祭司を務めました。ただしアンナスはその後も影響力を持ち続けたようです。

24節に「アンナスは、イエスを縛ったまま、大祭司カイアファのもとに送った」とありますので、19節の「大祭司」というのはアンナスのことでしょう。13節からすれば、アンナスがこの時大祭司でないのは、ヨハネ福音書記者も知っているはずですが、裏で力を持っているアンナスを、わざと「大祭司」と呼んだのかもしれません。

祭司とは、本来、人を神様に執り成す仕事です。ところがそういう権威が集中するところであるからこそ、人のことよりも自分のことを考えることが起きてくる。このアンナスもカイアファもそうであったようで、その意味では、大祭司にふさわしい人物であったとは言えません。

むしろ、そこで目の前で裁かれているイエス・キリストのほうこそ、まことの大祭司にふさわしい方です。イエス・キリストは、誰を犠牲にするよりも、あるいはどんな動物の犠牲を捧げるよりも、自分自身を犠牲の捧げ物にして、執り成してくださったお方であるからです。

形式的尋問

大祭司の尋問は、本質的なことに踏み入っていません。例えば「お前は来るべきメシアであるのか」とか、この後ピラトが尋ねるように、「お前は王であるのか」とかいうようなことは尋ねていません。「大祭司はイエスに、弟子のことや教えについて尋ねた」（19節）とあります。いわば周辺的な質問です。主イエスのほうも、この尋問に対して直接お答えになりません。「私が何を話したかは、それを聞いた人々に尋ねるがよい」（21節）。アンナスの質問が形式的であるのは、すでに裁きの判決を決めていたからでしょう。カイアファは、以前こう言っていました。

「あなたがたは何も分かっていない。一人の人が民の代わりに死に、国民全体が滅びないで済むほうが、あなたがたに好都合だとは考えないのか。」（11・49〜50）

あの時、カイアファが口にした言葉のとおりに、ことは進んでいきます。ヨハネ福音書記者は、それを確認するかのように「一人の人が民の代わりに死ぬほうが好都合だと、ユダヤ人たちに助言したのは、このカイアファであった」（18・14）と記すのです。

表面的には、カイアファの思惑通りです。それは、非常に人間的なこと、政治的なことです。ところがそこには、神様の意志が働いていました。カイアファは自分で語っている言葉の深い意味を知りませんでした。

体を差し出すイエス

イエス・キリストのアンナスへの返答を聞いていた下役の一人が、「大祭司に向かって、そんな返事のしかたがあるか」（22節）と言って、イエスを平手打ちにしました。これも滑稽な情景です。この下役のほうこそ、今、自分の目の前にいるのがどなたであるか、分かっていない。彼はいかにも権力におもねる人間です。権力を持っている人間と、そのまわりを取りまいている人間。それに対して、何も持たず、しかも手が縛られている状態で、イエス・キリストが立っている。この対比の中で、むしろイエス・キリストの力強さ、真の権威が浮き上がってきます。

この下役がイエス・キリストを平手打ちした時、イエス・キリストは、「何か悪いことを私が言ったのなら、その悪いところを証明しなさい。正しいことを言ったのなら、なぜ私を打つのか」（23節）と語られました。この言葉を聞いて、下役はひるんだのではないでしょうか。

ちなみに、この「何か悪いことを私が言ったのなら、その悪いところを証明しなさい」という言葉は、ヨハネ福音書が書かれた当時（紀元後九〇年代頃）の教会が、そのような証拠のない言いがかりで迫害を受けていたことが反映されていると言われています。

受難物語を読んでいると、人間の罪の現実、謀略、あさましさ、そういうものを見せつけられる思いがいたします。私たち自身もイエス・キリストを裁く側に立っていることを思わざるを得ません。

カイアファの「一人の人が民の代わりに死ぬほうがよい」という言葉は、今の私たちにも妥当しています。イエス・キリストは、当時の人々のためだけではなく、他ならぬ私のためにも、代わりに死んでくださったということを忘れないようにしたいと思います。

72 真理とは何か

18章28〜38節a

木に掛けられる

イエス・キリストは、カイアファのところから、その場にいたユダヤ人たちによって、ピラトの総督官邸に連れていかれました。しかし彼らは異邦人であるピラトの官邸に入ろうとしなかったので、ピラトが彼らのところへ出向きます。ピラトは、「この男に対してどんな訴えを起こすのか」（29節）と問いかけました。彼らはそれに直接には答えず、「この男が悪いことをしていなかったら、あなたに引き渡しはしなかったでしょう」（30節）と言うのです。ピラトは、「あなたがたが引き取って、自分たちの律法に従って裁くがよい」（31節）と言いました。宗教的事柄の内輪もめのようなことに首を突っ込みたくないと思ったのでしょう。

しかし彼らは「私たちには、人を死刑にする権限がありません」（31節）と、拒みました。「私たちはローマの支配下にあります。生殺与奪の権限をもっているのはそっちのほうではないですか」と言って、都合よくローマを立てたのです。
ただしヨハネ福音書記者は「それは、ご自分がどのような死を遂げることになるのかを示して語られた、イエスの言葉が実現するためであった」（32節）と付け加えました。ローマの死刑方法のうち、最も残酷なものが磔《はりつけ》でした。イエス・キリストは、「木に掛けられた者」、つまり「神に呪われた者」（申命記21・23）として死ななければならなかったということです。ユダヤ人たちの意図を超えたところで、神様の意図がここにも表れているのです。

ピラトの問い

ピラトは総督官邸の中に入って、次々とイエス・キリストに尋ねます。一つ目は、「お前はユダヤ人の王なのか」（33節）という問いでした。ピラトにとって「イエス・キリストが王である」というのは、やはり聞き捨てならないことであったのでしょう。それに対してイエス・キリストは、「あなたは自分の考えで、そう言うのか。それとも、ほかの者が私について、あなたにそう言ったのか」（34節）と問い返します。ピラトは、かっときたのでしょう。「私はユダヤ人なのか。お前の同胞や祭司長たちが、お前を私に引き渡したのだ」（35節）。私は、イエス・キリストの「あなたは自分の考えで、そう言うのか」という問いは、私たちにも投げかけられているように思います。私たちは「イエス・キリストが誰であるか」という問いに対しては、最後のところでは、自分で向き合わなければならない。人の言うとおり、というわけにはいかないのです。

二つ目は、「一体、何をしたのか」（35節）という問いでした。これに対しては、やや間接的にこう答えられました。

「私の国は、この世のものではない。もし、この世のものであれば、私をユダヤ人に引き渡さないように、部下が戦ったことだろう。」（36節）

イエス・キリストの国は、ローマ帝国のように、この世界に領土を持っているわけではありません。しかしそのことは、イエス・キリストの国はこの世とは別のところにある、ということでもない。やはりこの世のことに関係がある。だから聖書は、あえて「王」という地上の国で用いる言葉を使うのです。この世を超えた方、つまり神のもとから遣わされた方がこの世の真っ只中で、しかしこの世を超えた国の方として働いておられるのです。イエス・キリストが王だということには、そういう含みがあります。

ピラトはその言葉の深い意味を理解できません。「私の国」と言われたことをとらえて、三つ目に

「それでは、やはり王なのか」(37節)と問います。

それに対するイエス・キリストの返事は、「私が王だとは、あなたが言っていることだ」となっています。これを私たちに向けられた言葉と読むならば、「イエス・キリストを王と認めるかどうかは、各人に委ねられている」ということでしょう。口語訳聖書は「あなたの言うとおり、わたしは王である」と訳しています。その訳だと、「イエス・キリストはここで、自分が王であると宣言された」ということになります。「確かに私は王だ。しかしあなたが考えているようなものではない。それを超えたものだ」というニュアンスでしょうか。

真理は武力で守られない

イエス・キリストは続けます。「私は、真理について証しをするために生まれ、そのために世に来た。真理から出た者は皆、私の声を聞く」(37節)。どんどんピラトの関心事から離れていくようです。ピラトは、それに対して「真理とは何か」と言いました。四つ目の問いです。

彼は、嘲笑気味に「真理だって？　バカバカしい」と言い放ったのでしょう。しかしこれは、本当は深い問いです。「真理とは何か」。私たちの人生において、いつも繰り返し問われるものです。この問いに対して、イエス・キリストはここでは何も答えておられません。しかしヨハネ福音書そのものが、全体としてこの大きな問いへの答え、道しるべを示していると思います。

「私の言葉にとどまるならば、あなたがたは本当に私の弟子である。あなたがたは真理を知り、真理はあなたがたを自由にする」（8・31〜32）。また「私は道であり、真理であり、命である」（14・6）とも言われました。

聖書は、真理について哲学的な説明をしようとするわけではありません。真理は、まさにイエス・キリストという存在の中にある。そこにこそ、私たちを裏切らないものがある。神様のよき意志が表されている。その中に留まる時、私たちは深いところで自由にされるのです。それが、聖書の大きな、根本的なメッセージです。

私たちのところには、いつも「真理」を脅かそうとする力が働いています。私は、力によって、私たちに「これを認めろ。これを受け入れろ」と迫ってくるところには、真理はないと思います。そうした力は、「自由にする」のとは反対のことです。力によらないで、私たちが心から「それは本当です」と受け入れられるところにこそ、本物の真理があるのではないでしょうか。

73　見よ、この人だ

18章38節b〜19章7節

何の罪も見いだせない

ピラトは外で待っているユダヤ人たちのところへ行き、「私はあの男に何の罪も見いだせない」（38節）と言いました。彼がそう言ったのは、イエス・キリストに何か気高いものを感じ取ったからではなく、逆に「この男はそんな大それたことをしでかすような男ではない」ということでしょう。それは、この後のピラトの対応を見てもわかることです（19・1〜5参照）。

しかしその言葉には、ピラトが自分でも知らない意味が込められていました。それは、ピラトによって「この人には何の罪もない」ということが宣言されることでした。彼は、その後も「私はこの男に罪を見いだせない」と繰り返しています（19・6）。見えない力がピラトに働き、彼にそう告げさせているのです。全く罪のない方が十字架におかかりになるからこそ、大きな意味をもっています。ここで無罪の宣告を受けた方が、同時に有罪の判決を受けることになるのです。

バラバは私

ピラトは、ひとつの提案をします。「ところで、過越祭には、誰か一人をあなたがたに釈放するのが慣例になっている。あのユダヤ人の王を釈放してほしいか」（39節）。「ユダヤ人の王」という言葉には、ピラトのあざけりが込められています。それはイエス・キリストへのあざけりであると同時に、ユダヤ人たちに対するあざけりでもありました。なぜならもはやユダヤという国は存在していなかったし、王もいなかったからです。

彼らはこう叫びました。「その男ではない。バラバだ」（40節）。ピラトはユダヤ人たちの声に恐れ、おののき、こう思ったことでしょう。「一体、このみすぼらしい男に何の力があると言うのだ」。

彼は鞭《むち》打ちをさせた後、兵士たちの好きにさせました。おふざけの道具です。兵士たちは、茨《いばら》の冠を編んでイエス・キリストの頭に載せました。それがひとつの罰のようなものでした。「お前が王だというから、こんな目にあうのだぞ」。血が顔の上を滴り落ちます。紫の衣を着せました。紫は高貴な色です。王しか身にまとってはいけない。それをあえてイエス・キリストに着せることによって、いかにそれが不似合いであるか。それをおもしろおかしく笑おうとしているのです。兵士たちは「ユダヤ人の王、万歳」と叫びました。もちろんおふざけです。しかし、彼らはそのようにして、知らずして、イエス・キリストが王であることを宣言したのです。

バラバとは、一体誰であったのでしょうか。ヨハネ福音書は、ただ一言「強盗であった」と記していますが、不思議な存在です。自分の目の前にイエス・キリストが現れたために、突然釈放されるのです。それは私たちとイエス・キリストとの間で起きていることを指し示しているのではないでしょうか。イエス・キリストは、無罪の宣告を受けつつ、有罪の判決を受けた方だと述べました。そのことによって、私たちは逆に、有罪の宣告を受けつつ、無罪の判決を受けるのです。

受難物語は、いかに私たちが罪深いものであるかということを、突きつけてくるようです。まさに私の罪が言い逃れのできないものであることを明らかにされる。しかしそこでなぜか無罪であるとの判決を受けるのです。イエス・キリストとバラバとの間で起きた不思議な取替えが、私たちとイエス・キリストの間でも起こるのです。

ピラトは、再びイエス・キリストを連れてユダヤ人たちの前に姿を現しました。ピラトはそこで罪のない人間のどんな姿を見せようというのでしょうか。後光が差すような神々しい姿でしょうか。深いところでは実はそうなのですが、人の目には全く対極の姿でした。鞭打たれ、傷つき、倒れそうになっている。息もぜいぜいしている。それでいて不釣り合いに、冠をかぶせられ、紫の服を着せられている。屈辱的な姿です。

「この人を見よ」（エッケ・ホモ）

そしてピラトは、「見よ、この人だ」と言いました。ラテン語では、「エッケ・ホモ」と言いますが、古来多くの人がこの言葉を引用してきました。有名なところでは哲学者のニーチェが、自分の哲学を解説する入門書に『この人を見よ』と名付けました。

ボンヘッファーも『倫理』（遺著）の中で、「この人を見よ」という言葉を記しています。

この人を見よ！　この人において、神とこの世界との和解が成った。破壊によってではなく和解によって、この世界は克服される。理想やプログラムではなく、また良心や義務や責任や道徳でもなく、ただ神の完全な愛のみが、この世界の現実に直面して、これに打ち勝つのである。繰り返して言うならば、そのことが成し遂げられるのは、普遍的な愛の観念によってではなく、現実的に生きて働く、イエス・キリストにおける神の愛によってである。世界に対するこの神の愛は、この世の現実を離れて隠遁した高貴な魂の中に逃避したりせず、神は、愛において、この世の現実を、その困難さの極みまで経験し、苦しみを身に受け給う。この世は、イエス・キリストの体に激しく襲いかかる。しかし、この責め苦を身に受けた方が、この世の罪を赦し給う。このようにして和解がなしとげられる。この人を見よ！

（ボンヘッファー『現代キリスト教倫理』森野善右衛門訳、新教出版社、22～23頁）

さらにこの言葉から思い起こすのは、イザヤ書52章13節以下です。これは「苦難の僕の歌」と呼ばれ、旧約聖書の中で、最もよくイエス・キリストの受難を預言していると言われる言葉です。この「苦難の僕の歌」も、「見よ」という言葉で始まります。

見よ、わが僕は栄える。
彼は高められ、上げられ、はるかに高くなる。
多くの人が彼のことで驚いたように
その姿は損なわれ、人のようではなく
姿形は人の子らとは違っていた。
そうして、彼は多くの国民を驚かせる。
王たちは彼について口を閉ざす。
彼らは、自分たちに告げられていなかったことを見

聞いていなかったことを悟るからだ。(イザヤ書52・13〜15)

ここに「高く上げられる」僕の姿と、低く低くされ、人の面影もないような姿が同居しています。それが、この苦難の僕の歌が言おうとしていることです。普通の仕方ではない。高く上げられるのだけれども、それは誰も知らなかったような仕方でした。「エッケ・ホモ(見よ、この人を)」。この人において、その不思議なことが起こったのです。

この人を見よ、この人にぞ、
こよなき愛は　あらわれたる、
この人を見よ、この人こそ、
人となりたる　活ける神なれ。(『讃美歌21』280「まぶねのなかに」4節)

74 それぞれの罪

19章8～16節

ピラトの恐れ

ピラトはイエス・キリストの中に「罪を見いだせない」と言いましたが、彼をピラトのもとに連れてきたユダヤ人たちは「私たちには律法があります。律法によれば、この男は死罪に当たります。神の子と自称したからです」（7節）と言いました。ピラトは、この言葉を聞いて、ますます恐ろしくなりました。

彼は総督官邸の中に入って、イエス・キリストに新たに尋ねます。「お前はどこから来たのか」（9節）。これは、単に出身地を聞いているのではありません。「お前は神の子だと言ったそうだが、何の権威をもってそう言うのか。その資格を与えたのは一体誰なのか」ということでしょう。イエス・キリストは、この問いかけに対して、何もお答えになりません。もちろん、その権威が父なる神から来たものであることは、福音書の中にこれまで何度も出てきました。

ピラトはこう言いました。「私に答えないのか。お前を釈放する権限も、十字架につける権限も、この私にあることを知らないのか」(10節)。ピラトのいらだちが感じ取れます。「何と生意気なやつだ。私のほうがお前よりも上に立っているのだぞ」。ピラトは確かに、イエス・キリストを釈放する権限も、十字架につける権限ももっていました。しかし彼はその権限を自分が信じる方向で用いることはできませんでした。権威が備わっていなかったのです。権限に権威が伴っていない時に、人は強圧的になります。これは今日でも言えることでしょう。

イエス・キリストはようやく口を開きます。「神から与えられているのでなければ、私に対して何の権限もないはずだ」(11節)。イエス・キリストの口を通して、この裁判は、本当は神の意志が遂行されるために行われているということが宣言されたのです。

それを聞いてピラトは、一層、「イエスを釈放しようと努めた」(12節)というのです。矛盾しているようですが、彼の気持ちは、「何とかこの一件にかかわりをもちたくない。自分が死刑の判決をくだしたくない」ということなのでしょう。ピラトはもう一度、ユダヤ人たちの前に姿を現します。彼らは、「もし、この男を釈放するなら、あなたは皇帝の友ではない。王と自称する者は皆、皇帝に背いています」(12節)と、ローマ皇帝をもち出しますが、皇帝を心の底から敬っているわけではありません。むしろローマに支配されていることを憎んでさえいたでしょう。しかしその権威を利用してピラトを追い込んでいくのです。

上に立つ者の責任

ピラトはついにイエス・キリストを「敷石」（ガバタ）という場所に引き出します。ここが正式な裁判の場所でした。ですからここからが本当の裁判と言ってもよいでしょう。「過越祭の準備の日の、正午ごろであった」とのことです。ピラトは、「見よ、あなたがたの王だ」（14節）と言いました。ピラトは何とかしてユダヤ人たちに彼を裁かせようとするのです。しかし彼らは「連れて行け。連れて行け。十字架につけろ」（15節）と絶叫します。ピラトも絶叫します。「あなたがたの王を私が十字架につけるのか」（15節）。祭司長たちはこう答えました。「私たちには、皇帝のほかに王はありません」（15節）。何としらじらしい言葉でしょうか。ついにピラトはイエス・キリストを十字架につけることを許可し、彼らに引き渡しました。これがピラトのくだした決定でした。

さてピラトという人物は、この箇所を読む限り、それほど悪い人間には思えません。しかしキリスト教の最も短い信仰告白である使徒信条には、「（主は）ポンテオ・ピラトのもとに苦しみを受け……」と、ピラトの名が出てきます。何を省いたとしても、ピラトの名前は省くことはできなかったのです。これは一体何を意味しているのでしょうか。そこにはさまざまな意味がありますが、一つは上に立つ者の責任はそれだけ重いということでしょう。誰かを助けられる地位にありながら、それを用いてその人を助けることをしなかった場合、その責任まで問われてくるということです。ピラトの場合がまさにそうでした。この時ピラトはイエス・キリストを釈放する権限をもっていました。彼自身がそう言っているのです（10節）。しかも彼は、イエス・キリストに罪がないことを知っていたのです。ピラトは自分が正しいと思うことで判断することができない弱い人間でした。それでもピラトの罪が消えるわけではなく、イエス・キリストの受難の責任はポンティオ・ピラトの名で代表されるのです。

宗教者の罪・教会の罪

イエス・キリストは、「だから、私をあなた（ピラト）に引き渡した者の罪はもっと重い」（11節）と言われます。それは、ヨハネ福音書では、「ユダヤ人たち」と呼ばれています。このユダヤ人たち全体を扇動していたのは、大祭司、祭司長など、宗教の専門家でしょう。本来ならば、真っ先に神様の御心を知り、それを遂行すべき立場にあった人たちです。しかしそれをするどころか、逆に自分たちの利益を守り、神様の意志をすらかき消そうとした。自分のもっている宗教的権威によって、それを行おうとしました。私は、信仰をもつ人間の責任、神様の意志を知っている者の責任は重いと、強く思うのです。

ただし私たちは、「悪いのはユダヤ人だ」ということはできません。ヨハネ福音書が「ユダヤ人」をイエス・キリストの敵対者として強調することには、ヨハネ福音書が書かれた当時の状況、キリスト教会のユダヤ教への対決姿勢が反映されていると言われます。実はキリスト教会は、二千年間、「ユダヤ人こそイエス・キリスト殺しの張本人だ」と言って、反ユダヤ主義を助長してきました。

またイエス・キリストが「ユダヤ人」を批判されたとしても、イエス・キリスト自身もユダヤ人であり、あくまでご自分が属する共同体への自己批判の延長線上にあったということを忘れてはならないでしょう。第三者的に批判しておられるのではありません。その視点を忘れてはならないと思うのです。

ここで起こっていることは、教会でも起こることです。いやむしろ教会の罪が、ここで問われているのではないでしょうか。神様の御心を知っているはずの人間が、それを遂行せず、むしろ押しつぶしてしまうことがある。信仰者の罪が問われているのです。

75　十字架の上と下で

19章16〜27節

「ユダヤ人の王」という告知

ピラトは罪状書きを書いて、イエス・キリストの十字架の上に掲げました。そこには「ナザレのイエス、ユダヤ人の王」と書かれていました。ゴルゴタの丘はエルサレムの都の外ではありますが、すぐそばで、多くの人の目に触れました。その罪状書きは、ユダヤ人の言語であるヘブライ語、ローマ帝国の公用語にしてローマ人の言葉であったラテン語、同じくローマ帝国の公用語であり、地中海世界で広く用いられていたギリシア語という三つの言語で記されていました。

これを見たユダヤ人の祭司長たちは、クレームをつけました。「『ユダヤ人の王』と書かずに、『この男は「ユダヤ人の王」と自称した』と書いてください」（21節）。しかしピラトは、この要求に取り合いません。「私が書いたものは、書いたままにしておけ」（22節）。これは彼らの言いなりになってしまったピラトの、せめてものプライドであったのでしょうか。彼らに対する仕返しであったとも言えます。しかもこれみよがしに三つの言語で書いたのです。

しかし祭司長たちはどうすることもできません。彼らは、自分たちの目的のために、ローマの権威を利用しましたが、それは自分たちの主権を、ローマに引き渡すことでした。それによって、今度はいかに宗教的なことといえども、その権威が自分たちに逆らって働くのを止めることができないのです。これは現代世界に通じる象徴的なことです。

しかしながらそこにも、やはり神の計画が秘められています。ピラトは知らずして、預言者の役割を果たしているのです。彼の思惑を超えて、「イエス・キリストはユダヤ人の王である」と、世界に告知されることになりました。

十字架の下の兵士たち

さて十字架のもとでは、そんなこととは全く関係のないことが繰り広げられています。十字架につけられた人の持ち物、衣服は兵士たちが分け合うことができました。いわば役得です。それで彼らはイエス・キリストの上着を四つに分けたのです。十字架のもとにいた兵士は恐らく四人であったのでしょう。

ところが下着のほうは、縫い目がなく、分けることができませんでした。「『彼らは私の服を分け

合い　衣をめぐってくじを引いた』という聖書の言葉が実現するためであった」（24節）とあります。これは、詩編22編19節の引用です。

十字架の上では、世界を揺るがすような出来事、歴史を揺るがすような大事件が起きているのに、十字架の下では、それとかけ離れたこの世的なこと、服の取り合いのくじ引きが行われているのです。

私たちは、人の死に接する時にさえ、それに無頓着《むとんちゃく》で、無感動になる場合があるということを思わされます。特に今日のように、世界のニュースが、いつでもテレビやインターネットを通して飛び込んでくる時代には、世界のさまざまな悲劇、大惨事、戦争が報道されながら、それを見ながら平気で笑い合ったりすることがある。そうした落差に気づく時に愕然《がくぜん》とすることがあります。私たちが見ているこの十字架の光景も、まさにそうした場面に通じるのではないでしょうか。

この四つに分けられた上着について、アウグスティヌスは、これは世界の四つの地域だと解釈しています。その四つの地域にキリスト教が広がっていく。ヨハネ福音書が書かれた時には、すでにキリスト教がさまざまな地域に広がっていました。そうした中で下着は裂かれなかったということは、教会は一つであることを象徴しているというのです（アウグスティヌス『ヨハネ福音書講解　下』中澤宣夫訳、新教出版社、1009～1010頁）。

十字架の下のもう一つの集団

十字架の下には、もう一つの集団がありました。四人の女性とイエス・キリストの「愛弟子」です。

イエスの十字架のそばには、その母と母の姉妹、クロパの妻マリアとマグダラのマリアとが立っていた。（25節）

まわりはどのようであったでしょうか。他の福音書によると、怒号が鳴り響いていましたが、ヨハネ福音書ではただ十字架の下の二つのグループ、イエス・キリストの衣服を分け合っている四人の兵士と、十字架を嘆く四人の女性たちが対比的に描かれています。

イエス・キリストは、母に向かってこのように声をかけます。「女よ、見なさい。あなたの子です」（26節）。「女よ」というのは、何か親子の情を断ち切るかのような呼びかけです。マリアはそれに対して、ここでは何も答えません。人々のわめき声によってかき消されそうな小さな、小さな声を、一言も聞き漏らすまいと、ひたすら耳を傾けているようです。

そして愛する弟子に言われました。「見なさい。あなたの母です」（27節）。イエス・キリストが愛する母と愛する弟子を執りもたれたのです。その時から、この弟子はイエスの母を自分の家に引き取りました。

ブルトマンという聖書学者は、これは象徴的に、ヨハネの時代の二つの教会を表していると言いました。母というのはユダヤ人の教会です。すべての教会はそこから生まれた。いわば母なる教会です。しかしヨハネ福音書が書かれた時に、成長し続けているのは異邦人教会でありました。

異邦人教会というのは、子なる教会です。異邦人教会とユダヤ人教会の間には緊張と対立がありました。そうした中で異邦人教会に対して、「母なるユダヤ人教会を尊敬して、受け入れなさい」と言っておられる。逆に母なるユダヤ人教会に対しては、「自分から生まれてきた異邦人教会を子なる教会として認め、愛し、受け入れなさい」と言う。そのようにこの二つの教会を執りもっておられるのだ。ブルトマンはそう解釈しました（ブルトマン『ヨハネの福音書』杉原助訳、日本キリスト教団出版局、534頁）。

世界の教会は、イエス・キリストのもとで一つにされている。裂かれた衣が世界に広がる教会を象徴し、一つである下着が、教会が一つであることを象徴しているように、このイエス・キリストの言葉によって、世界全体の教会が執りもたれているのです。

もちろん、この言葉をそのまま書いてあるとおりに受け取る意味も大きいと思います。イエス・キリストが執り成し、執りもたれる関係。それまでは全く他人であった二人が、ここで親子とされた。「神の家族」がここにできた。これは教会の原点と言えるのではないでしょうか。イエス・キリストの言葉に基づいた親であり、子である。あるいは肉親以上の関係が、ここに形づくられているのです。

76　成し遂げられた

19章28〜30節

「渇く」

「この後、イエスは、すべてのことが今や成し遂げられたのを知り、『渇く』と言われた」（28節）。

イエス・キリストが十字架上で渇きを覚えられた。喉が渇く時というのは、声を出すのもつらいものです。しかし訴えなければならない。この時も声にならないほどのつぶやきであったかもしれません。

イエス・キリストが渇きを覚えられたことは、前にもありました。それはサマリアでの真昼のことでした。主イエスは旅に疲れて、そのまま井戸のそばに座っておられました。主イエスは、水をくみにやって来たサマリアの女に向かって、「水を飲ませてください」（ヨハネ4・7）とおっしゃるのです。イエス・キリストが、人間として、この世に来られたのだということを思わせられるやり取りでした。人間であれば、誰しも喉も渇くし、おなかもすきます。それをイエス・キリストも共有されたのです。私たちの弱さに連なり、その弱さを引き受けられたのです。

「わが神、わが神、なぜ私をお見捨てになったのですか」（マタイ27・46）という叫びが精神的な苦痛を表しているとすれば、「渇く」は肉体的な苦痛を示しているということができるかもしれません。ヨハネ福音書は「こうして、聖書の言葉が実現した」（28節）と書き添えています。旧約聖書のどの言葉であるか特定することはできませんが、詩編69編22節の「彼らは私の食物に毒を入れ　渇く私に酢を飲ませようとします」という言葉などが思い起こされます（その他にも詩編22・16、63・2など）。

そこには、酢を満たした器が置いてあった。人々は、この酢をいっぱい含ませた海綿をヒソプに付け、イエスの口元に差し出した。イエスは、この酢を受け……た。（29～30節）

ヨハネ福音書は、他の福音書のようなあざけり、ののしりの言葉（マタイ27・39～44など）は記していませんが、酢をイエス・キリストに差し出すことそのものが、「さてどうするか見てやろう」というあざけりを示していると思います。

「終わった」「成し遂げられた」

このようにして、聖書の言葉が実現するのです。イエス・キリストは、この酢を受けると、「成し遂げられた」と言われました。これは、単純に訳せば「終わった」という言葉です。どちらとも訳せます。各国語のさまざまな翻訳を見ると、「終わった」と訳しているものと、「成し遂げられた」と訳しているものと、大きく二種類あるのです。どちらにも意味があります。もっとも第一義的には、ここですべてが終わったのだということを受けとめるべきでありましょう。

イエス・キリストは、これまで「私の時はまだ来ていない」（2・4、7・6）と語り、そして「ご自分の時が来たことを悟り」（13・1）、ついに「父よ、時が来ました」（17・1）と語られました。そうした「時」が、すべてこの一点、十字架上のこの瞬間に終わります。

「終わる」ことそのものに深い意味があるのです。

しかしこの「終わり」は敗北を意味するのではありません。十字架を地上で計画した人たちからすれば、彼らの思いが「成し遂げられた」と思ったことでしょうが、もっと深いところで、神様の御心が成し遂げられようとしているのです。

イエス・キリスト自身が「私が来たのは律法や預言者を……廃止するためではなく、完成するためである」（マタイ5・17）と語られたように、ここにはやはり神様の御業の完成ということが含まれているのです。すべてのことが終わる。しかしそこからのみ始まる新しい世界がある。十字架の出来事は、そのことを私たちに告げているのです。

バッハ「ヨハネ受難曲」のアリア

イエス・キリストは、「成し遂げられた」と語られた後、頭を垂れて息を引き取られました。あたかも「それでよし」とうなずいておられるようです。

ヨハン・セバスチャン・バッハのヨハネ受難曲は、この「頭を垂れて息を引き取られた」という言葉の後に、バスのアリアを挿入しています（第32曲）。こういう歌詞です。

わたしのだいじな救い主よ、聞かせてください。
あなたはいま十字架に付けられ
みずから「成し遂げられた」と言われました。
だからわたしは死から解き放たれたのですか。
わたしはあなたの苦しみと死によって
天の国を受け継げるのですか。
すべての世界に救済があるのですか。
あなたは痛みで言葉も出ないことでしょう。

しかしあなたは頭を垂れて
無言のうちに「そうだ」と言われる。（樋口隆一訳、PHCP-5136-7［ブリュッヘン指揮］、36頁）

美しいアリアです。バッハは、これをシュトックマンの『苦しみと悩みと死』という詩から取って、メロディーをつけました。

このアリアは問います。「だから私は、死から解き放たれたのですか」。「私はあなたの苦しみと死によって天の国を受け継げるのですか」。「すべての世界に救済があるのですか」。

これらは、私たちの真剣な問いでもあります。自分のこととしても、世界のこととしても一番知りたいことです。それを十字架上のイエス・キリストに率直に投げかけている。イエス・キリストは何も答えられない。ただ頭を垂れて息を引き取る。そうした形で神様の意志が示されるのです。

私たちの生も死も根源的に、このイエス・キリストの十字架の御手の中にあるのです。

「ヨハネ受難曲」はこのアリアの後、次の合唱が続きます。やはりシュトックマンの歌詞です。

イエスよ、あなたは亡くなられたが、
いまこそ無限に生きられる。

最期の死の苦しみにも
わたしが顔を向けるのは
ひとり、わたしを贖われたあなたのみ。
おお、敬愛する主よ。
ただあなたが手に入れられた救いをお与えください。
それ以上の何もわたしは望みません。（同前）

私たちの弱さも、ずるさも、ぶざまな姿も、イエス・キリストはすべて引き受けて、十字架におかかりになり、「成し遂げられた」と言って、うなずくように息を引き取られました。それによって与えられる救い、そこから始まる新しい命に生きていきたいと思います。

77 隠していられない

19章31〜42節

血と水が流れ出る

イエス・キリストが十字架上で息を引き取られたのは、恐らく午後三時頃であったと思われます。その後、日没までの約三時間の間にあわただしく埋葬されたことが、ここに記されています。

ユダヤ人の宗教的指導者たちは、安息日に遺体を十字架の上に残しておかないために、足を折って取り降ろすように、ピラトに願い出ました。「あなたはその死体を夜通し、木に残しておいてはならない。必ずその日のうちに葬らなければならない」（申命記21・23）と定められていたのです。しかも翌日は、過越祭の特別な安息日でした。彼らは、決してそこで息を引き取る人のことを配慮したわけではなく、大地が汚《けが》されないために、願い出たのでした。

彼らの願いは、ピラトに聞き入れられました。兵士たちがその要請を受けて、十字架上の三人の足の骨を折ろうとしました。イエス・キリスト以外の二人の罪人の足は、その死を早めるために折られました。しかしイエス・キリストは、その時すでに息を引き取っておられたので、足の骨は折られませんでした。その代わりに、兵士の一人が槍でイエスの脇腹を刺します。その脇腹から血と水が流れ出ました。この記述によって福音書記者は、「イエス・キリストは本当に死なれたのだ」と告げようとしているのでしょう。

血と水が流れ出たことには、象徴的な意味もあります。水はきよめを、血は命をあらわすものですので、イエス・キリストの死が人間の罪のきよめ、新しい命を与えるけがれなき神の小羊の犠牲の死を意味していると言えるでしょう。水と血は、洗礼と聖餐を示していると読む人もいます。

「それを目撃した者が証ししており、その証しは真実である。その者は、あなたがたにも信じさせるために、自分が真実を語っていることを知っている」(35節)とあります。ここで、読者である私たちが、この物語の中にぐっと引き入れられます。

聖書の言葉が実現するため

これらのことが起こったのは、「その骨は砕かれない」という聖書の言葉が実現するためであった。(36節)

これは、直接的には詩編34編21節を指していますが、さらに遡れば出エジプトの出来事に基づいています。イエス・キリストが息を引き取られたのは、過越祭の時でした。過越祭とは、出エジプトの際に、イスラエルの民が守られて、エジプトを脱出できたことを心に留めるものです。神様はエジプトに災いを下しつつ、ファラオに「もう出て行け」と言わせるように仕向けたのです。一方で、神は災いがイスラエルの民に及ばないように、小羊を捧げさせ、その血を家の玄関に塗らせました。そのことを記念するのが過越祭です。この過越祭について、こう定められていました。「これは一つの家で食べられるべきもので、肉の一部を家の外に持ち出してはならない。その骨を折ってはならない。イスラエルの全会衆はこれを行わなければならない」（出エジプト記12・46～47、傍点筆者）。ですから、この時の十字架上のイエス・キリストは、まさにこの過越の羊、しかも永遠の神の小羊に他ならないということが、ここにも示されていると言えるでしょう。

兵士の一人がイエス・キリストの脇腹を刺したことについて、『彼らは、自分たちの突き刺した者を見る』とも書いてある」（37節）と記されていますが、これはゼカリヤ書12章10節に基づいています。

アリマタヤのヨセフとニコデモ

宗教的指導者の後、ピラトに別の申請をした人がいました。アリマタヤ出身のヨセフです。この人について、「イエスの弟子でありながら、ユダヤ人たちを恐れて、そのことを隠していた」（38節）と述べています。いわば、かくれキリシタンだったのです。彼が良心的な人物であったことには違いありません。イエス・キリストを尊敬し、慕い、ひそかに従っていました。しかし「イエス・キリストの弟子である」と名乗る勇気はもっていなかったのです。「ユダヤ人たちはすでに、イエスをメシアであると告白する者がいれば、会堂から追放すると決めていた」（ヨハネ9・22）のです。

ところが、イエス・キリストの死に直面して、黙っていられなくなりました。決してイエス・キリストに対する同情からではないでしょう。自分をごまかしながら、かろうじて信仰をもっているような自分、いや究極のところでは、イエス・キリストよりも、お金や名誉や地位をよりどころにしている自分がいやになったのではないでしょうか。そういう自分と決別する時が来たのです。

この時、アリマタヤのヨセフは、「ここは自分しかいない。お金も用意できる。ここで名乗りでなければ、自分は一生後悔する」。そう思ったのではないでしょうか。イエス・キリストが十字架で死なれた時、彼も同じように、古き自分に死んだのです（ローマ6・6、エフェソ4・22など）。

そこへもう一人似たような人物が現れます。ニコデモです。この人はヨハネ福音書にだけ出てくる人です。「前に、夜イエスのもとに来たニコデモ」（39節）とあります（3・2参照）。彼もまた、このイエス・キリストの死の後、ようやく古き自分に死ぬ決心をしたのです。ニコデモは、イエス・キリストを丁重に埋葬するために、「没薬とアロエを混ぜた物を百リトラばかり」(39節)持って来ました。百リトラはおよそ三二・六キログラムです。相当な量、かなり高価なものであったことがわかります。もしかすると、アリマタヤのヨセフの行動が、ニコデモのうちにくすぶる信仰を奮い立たせたのかもしれません。そしてこの二人は、大事な場面で、彼らにしかできない貢献をしました。これも神様の不思議な計画、配剤であると思います。

教会においても、そのようなことが起きます。意外な人が大事な時に現れて、大事な働きをする。「神様の不思議な計画以外の何ものでもない」と、驚かされることが時々あるのです。ですから、人の信仰について批判めいたことは言わないようにしたいと思います。また自分の問題としては、「今がその時だ」と思うチャンスを逃さないようにしたいと思います。

78　二人は走る

20章1〜10節

ペトロと「もう一人の弟子」

マグダラのマリアは、週の初めの日、まだ暗いうちに墓に行きました。彼女は「墓から石が取りのけてあるのを見た」（1節）だけであるのに、「誰かが主を墓から取り去りました」（2節）と報告しています。「ただならぬことが起きた」という異常な空気を墓の前で感じ取ったのでしょう。胸騒ぎがする。確かに墓の中では、ただならぬことが起きていました。

彼女は、まずシモン・ペトロのところへ、次に「イエスが愛しておられたもう一人の弟子」のところへ行きました。この二人は別の場所からそれぞれに飛び出し、道で一緒になったのでしょう。

二人は一緒に走ったが、もう一人の弟子のほうが、ペトロより速く走って、先に墓に着いた。（4節）

報告を聞いたのはペトロが先でしたが、「もう一人の弟子」がそれを追いかけ、追いつきました。しばらくは一緒に走ったかもしれません。しかし「もう一人の弟子」のほうが、足が速かった。恐らく彼のほうが若かったのでしょう。ところが「もう一人の弟子」はお墓に着いても先に入らず、ペトロを待ちました。ようやくペトロが到着し、お墓にはペトロが先に入るのです。ペトロはお墓の中で亜麻布を見ました。そこへ「もう一人の弟子」も入ってきて同じことを確認しました。彼のほうは見ただけではなく、「見て、信じた」とあります。「信じた」のはこちらが先、ということでしょうか。おもしろい流れです。二人が先になったり、後になったりしている。「後にいる者が先になり、先にいる者が後になる」（マタイ20・16）という聖書の言葉がそのまま当てはまるような情景です。競争しているようにも見える。確かにそういう面もあるのです。

先輩の教会と後輩の教会

「もう一人の弟子」というのは伝統的には弟子ヨハネであり、ヨハネ福音書は彼によって書かれたとされてきました。しかし実際には、もう少し後の紀元九〇年頃に、弟子ヨハネから始まった教会の誰かによって書かれたと言われます。そしてここに登場するペトロと「もう一人の弟子」は、それぞれヨハネ福音書が書かれた当時のユダヤ人教会と異邦人教会を象徴しているようです。

キリスト教は、最初ユダヤ人から始まり、異邦人へ伝えられ、広まって行きました。その後の歩みからすれば、圧倒的に異邦人教会が大きくなっていくわけですが、この福音書が書かれた頃は両方の勢力が拮抗していたと思われます。すでに異邦人教会がユダヤ人教会を数（教会数と会員数）の面でも、経済面でも追い越そうとしていた頃かもしれません。

ユダヤ人教会は、なお異邦人教会を下に見る傾向があり、逆に異邦人教会は、古い体質のユダヤ人教会を批判的に見る傾向がありました。そうした中、「いや張り合うのではなくて、共に同じ方向を向いて走っているのだ」という認識をもつのが大事なことでした。時に一緒に走り、若くて、より力に満ちているかに見えるもう一人の弟子も、先輩の弟子に対する尊敬を忘れないのです。

この関係をカトリック教会と十六世紀から始まったプロテスタント教会に置き換えることもできるかもしれません。かつてはお互いに対抗意識が強かったですが、二十世紀後半以降は、共に歩む宣教のパートナーとして認め合っています。

ルター派、改革派、聖公会など歴史的なプロテスタント教会と、その後（主に二十世紀）生まれてきた福音派の教会と読むこともできるかもしれません。（日本基督教団は合同教会ですが、どちらかと言えば前者に属しているでしょう。）それぞれのよさがあり、刺激し合い、影響し合っています。

欧米の教会と第三世界の教会と読むこともできるかもしれません。これまでキリスト教の中心は欧米、すなわちヨーロッパと北アメリカであると考えられていました。しかし、現在世界で最もクリスチャン人口の多い地域はラテンアメリカであり、世界で最もクリスチャンが増えているのはアフリカです。アジアでもフィリピンや韓国の教会は新しい力に満ちあふれています。キリスト教の中心は欧米から第三世界に移りつつあるのです。カトリック教会でも、初めて南米出身の教皇が誕生しました。欧米の教会はそういう現実を認識しなければならないでしょう。同時に若い教会は自分たちを育ててくれた欧米の教会に対する敬意を忘れてはならないでしょう。

教会間のことだけではなく、教会内の古い信徒と新しい信徒と置き換えることもできるかもしれません。若いクリスチャンが先に役員に選ばれることもあるでしょう。それでよいのです。共々に祝されていることを喜ぶことができる。それが教会です。

半信半疑でも、「信じた」

「もう一人の弟子」は、亜麻布と頭を包んでいたはずの覆いが置いてあるのを「見て、信じた」とあります。しかしその後に、「イエスが死者の中から必ず復活されることを記した聖書の言葉を、二人はまだ理解していなかったのである」（9節）と続きます。「信じた」というのに「理解していなかったのである」というのはわかりにくい日本語です。「復活するということが、聖書に書かれていることを、かれらは、まだ、知らなかったのである」という訳もありました（『小さくされた人々のための福音』本田哲郎訳、新世社、536～537頁）。いずれにしろ二人はよくわからないまま家へ帰って行ったのです。「主が復活された」と喜び勇んで帰って行ったのではありません。半信半疑です。

私は、この時の「信じた」というのは、「わからないけれども信じよう」という信仰の決意表明のような言葉ではないかと思います。その時には十分に理解していない。しかしすでに信仰の萌芽はある。そして信じる決心をする。それでもまだ不十分です。

私たちも、信仰をもっていると言っても、みんなどこかで疑いをもっているのではないでしょうか。多かれ少なかれ「疑う」ということがあるから、「信じる」と言うのです。一時《いっとき》強い確信をもって信仰の道を歩んでいたとしても、いつしか疑いの波に襲われることもあります。私たち人間の信仰とは、そういうものではないでしょうか。しかしそうした中、私たちの疑いをはるかに超えたところで、大いなる神様の物語がすでに始まっているのです。そのことを信じて歩み出しましょう。

79　思い出を超えて

20章11〜18節

「なぜ泣いているのか」

ペトロともう一人の弟子が家に帰って行った後、マグダラのマリアはいつのまにか再び墓に戻り、墓の外に立って泣いています。イエス・キリストの死を悲しみつつ、なおあきらめきれないで一人泣いているのです。

マリアは身をかがめて墓の中をのぞくと、白い衣を着た二人の天使が彼女に「女よ、なぜ泣いているのか」（13節）と声をかけました。天使たちはイエスの遺体が無くなっていることも、そのためにマリアが泣いていることも知っているはずです。それでも尋ねるのは、「あなたはもう泣かなくていいのだよ」と悟らせようとしているのです。しかしマリアはそれがわからず、「誰かが私の主を取り去りました。どこに置いたのか、分かりません」（13節）と答えました。

次に復活のイエス・キリスト自身が近寄って来られます。彼女も後ろを振り返り、誰かがいることには気づくのですが、それが誰かはわかりません。イエス・キリストも、「女よ、なぜ泣いているのか」と声をかけ、続けて「誰を捜しているのか」（15節）と尋ねられました。それは、「あなたが捜している人はここにいるよ」ということなのです。マリアは墓の番人だと思って、こう答えました。「あなたがあの方を運び去ったのでしたら、どこに置いたのか、どうぞ、おっしゃってください。私が、あの方を引き取ります」（15節）。

ここでマリアが求めているものが何であるかがはっきりします。それはイエス・キリストの「遺体」でした。それはマリアが自由に取り扱うことのできる「物」です。その意識にとらわれているので、後ろを振り返っても、声をかけられても、気がつかないのです。

確かにマリアをそこにとどまらせたものはイエス・キリストへの愛情であり、こだわりでした。しかしそれは過去のイエス・キリストであり、思い出のイエス・キリストです。あの時、自分を救ってくれた。あの時、自分の体から七つの悪霊を追い出してくれた（ルカ8・2参照）。その思い出を大事にし、イエスの墓を守り続けたいと思っていたかもしれません。彼女はイエスの思い出に生き続けている。その過去のイエスへのこだわりが、逆に、復活して今生きておられるイエス・キリストと出会うことを妨げているのです。

これは私たちにもあることではないでしょうか。もしかすると、私たちもまたこのマリアと同じように、過去のイエス・キリスト、自分の知っているイエス・キリストに固執していないでしょうか。「昔、教会学校に通った。その時、歌った歌が今も自分の心にある」。それはそれでよいことでしょう。しかし信仰とは、それだけではありません。

私たちは「キリスト教とはこういうもの」、「イエス・キリストとはこういうお方」、「教会とはこういうところ」、そういうふうに自分なりに分かってしまっていないでしょうか。もしも分かってしまっているとすれば、それは過去のキリストであり、死んだキリストではないでしょうか。私たちの手の内にある、私たちが引き取ることができる、私たちが処理できるキリストではないでしょうか。

「マリア」「ラボニ」

このすれ違いの問答に、イエス・キリストのほうから突破口を開かれます。主イエスは「女よ」という一般名詞ではなく、突然、「マリア」と名指しで呼ばれるのです。この瞬間、彼女ははっとしました。

自分が探していたのとは違うところに、しかもすぐそばにイエス・キリストはいてくださったのです。彼女は「マリア」という呼びかけに対して、「ラボニ」と答えました。これは「私の先生」という意味です。「ラビ」という言葉を、マリアが日常生活で用いているアラム語で言ったのです。「マリア」「ラボニ」。これまで何度も呼び交わされた言葉であったのでしょう。

マリアは、なつかしさとうれしさのあまり、イエス・キリストに触れようとしたのでしょう。イエス・キリストは「私に触れてはいけない」（17節）と止められます。この言葉は、何を意味しているのでしょうか。直後に「まだ父のもとへ上っていないのだから」と言われましたが、私はそれ以上の意味があるように思うのです。

トマスの物語との対比

イエス・キリストは、この後、弟子たちの前に現れ、その時にいなかったトマスのために、再び姿を現されることになります（20・24～29）。そして「あの方の手に釘の痕を見、この指を釘跡に入れてみなければ、また、この手をその脇腹に入れなければ、私は決して信じない」（25節）と言い張っていたトマスに対して、「あなたの指をここに当てて、私の手を見なさい。あなたの手を伸ばして、私の脇腹に入れなさい」（27節）と言われました。

マリアに対しては、「私に触れてはいけない」と言われたのに、トマスに対しては、正反対に「信じられないなら、自分で触って確認しなさい」と言われたのです。

ここでも、イエス・キリストは一人ひとり違った形で、人格的な触れ合いをなさるということがわかります。このトマスとマリアの違いは一体何であったのでしょうか。再会した時には、誰だって抱き合いたい。そうやって一緒にいるということを確認したいと思うものでしょう。それなのに、このイエス・キリストの、拒絶とも見える態度は何を意味しているのでしょうか。私は、マリアに対しては、いつまでも過去の関係に寄りかかっていてはいけないと伝えようとされたのではないかと思うのです。

復活というのはなつかしい過去がそのままよみがえって思い出される、ということではありません。もう一回、昔の関係に戻れるというわけではありません。そこには一つの断絶があります。復活とは、過去と断絶して、新しい方向へ向かうことです。過去に向いていた私たちの目が、大きく未来へと方向転換させられることです。古いものがもう一度出てくるというのではなくて、古いものが新しくされるということです。それが復活です。将来に向けられた新しい命の始まりを意味しているのです。

教会もそうではないでしょうか。教会が過去にこだわり続ける時、復活のイエス・キリストに出会い損ねることがあるかもしれません。私たちが過去にこだわって見ているところには、主はおられないのです。振り返ったところから、召し出される。この復活の呼びかけに応えて、私たちも新しく生き始めましょう。

80 息を吹きかけて

20章19〜23節

平和があるように

「その日、すなわち週の初めの日の夕方、弟子たちは、ユダヤ人を恐れて、自分たちのいる家の戸にはみな鍵をかけていた」（19節）。彼らはイエス・キリストが殺された後、自分たちも捕まえられるのではないかと恐れていたのでしょう。ただ彼らの恐れというのは、それだけではなかったのではないかと、私は思うのです。マグダラのマリアから「私は主を見ました」（18節）という報告を受け、何かただならぬことが起きたのかもしれないと、余計に気が動転していたのではないでしょうか。

「家に閉じこもって、鍵をかけていた」というのは、彼らの心をも表しているようです。この当時は、家に鍵をかけないほうが多かったそうです。そこへイエス・キリストが現れます。鍵までかけているのに、それを越えて入ってこられるのです。

弟子たちはどきっとしたでしょうが、主イエスは、弟子たちの真ん中に立って、ただ一言、「あなたがたに平和があるように」と言われました。それは、主イエスを見捨てて逃げた弟子たちに対する「それでもなお、神は共にいてくださる」というゆるしの宣言でもありました。イエス・キリストがどのように入ってこられたか、それが一体どういう物理現象であったかということはわかりません。またどう説明したとしても、私たちの想像を超えたことです。私たちの想像を超えたことが起こった。それで十分ではないかと思います。

マスターキーを持つ方

イエス・キリストは、別のところで、「見よ、私は戸口に立って扉を叩いている。もし誰かが、私の声を聞いて扉を開くならば、私は中に入って、その人と共に食事をし、彼もまた私と共に食事をするであろう」（黙示録3・20）と言われました。誰かが中から鍵を開けてくれるのを辛抱強く待つ姿は、今回の物語と矛盾するように見えます。今回の物語は、待つのではなく、否応なく入ってこられるのです。

イエス・キリストは、たとえて言えば、すべての場所、すべての私たちの心のマスターキーを持っておられるような方だと言えるのではないでしょうか。しかしマスターキーを持っているからと言って、むやみやたらに入り込んでよいということにはなりません。マンションの管理人でも、下宿の大家さんでも、マスターキーを持ってはいますが、よほどの時でなければ入ってはきませんし、入ってはいけないはずです。緊急事態の時だけです。

私は、この状況は、そうした「よほどの時」「緊急事態」であったのだと思います。中からしっかり鍵をかけている。誰も入ってこないようにしている。しかしその心の状況をよく知っておられるイエス・キリストが、弟子たちの表面的な気持ちを通り越して入ってこられたのです。

「弟子たちは、主を見て喜んだ」（20節）とあります。主イエスは、別れの説教の中で弟子たちに、「あなたがたにも、今は苦しみがある。しかし、私は再びあなたがたと会い、あなたがたは心から喜ぶことになる」（ヨハネ16・22）と言われましたが、その約束が今ここに実現していると言うこともできるでしょう。

この喜びは、彼ら自身が、自分を閉じ込めていた罪の支配、死の支配、悪魔の支配の中から解放されて、新しい命に生き始めるようになった喜びでもあります。もはやユダヤ人たちを恐れて、隠れることもしない。

このはじけるような喜びに重ね合わせるようにして、イエス・キリストは、再びこう言われます。「あなたがたに平和があるように」（21節）。そして、喜びのうちに弟子たちを使徒として派遣するのです。

第二の創造

「父が私をお遣わしになったように、私もあなたがたを遣わす」(21節)。そして彼らに息を吹きかけて言われました。「聖霊を受けなさい」(22節)。これはヨハネ福音書独特の復活物語です。ヨハネ福音書では、復活と聖霊降臨が同時的なのです。命令するだけではなく、命の息を吹き入れられる。「息」と「聖霊」は、もともと一つでした。旧約聖書の「霊」という言葉(ルーアッハ)には、「風」という意味があります。

これを読みながら思い起こすのは、創世記2章に記されている、最初の人間アダムの創造です。「神である主は、土の塵で人を形づくり、その鼻に命の息を吹き込まれた。人はこうして生きる者となった」(創世記2・7)。

最初の人間だけのことではありません。私たち人間が生きているのはすべて、神様が息を吹き入れてくださったからです。神様が霊、魂を吹き込んでくださったからです。物質からだけ言えば、人間は土と同じでしょう。私たちがいくら土をこねて人の形を作ってみても、それは人形であって、人間ではありません。命の主は神様です。

今、復活のイエス・キリストが弟子たちの前に現れ、まさに死んだようになっている弟子たちに息を吹きかけて生かされた。第一の創造に匹敵する第二の創造がイエス・キリストによって行われたと言えるのではないでしょうか。

私たちがクリスチャンとして生きるということは、復活の主から命の息を吹きかけられて、新しく生き始めるということです。私たちは自分で新しくなることはできません。罪の古き自分に死に、新しい命をイエス・キリストからいただくのです。命の息を吹き込み、「聖霊を受けよ」と言われる主によって新しい人間とされ、そして派遣されるのです。

新しい命にあずかった人間は、じっとしていることができません。もはや鍵をかけて家に閉じこもっていることはできません。この世へと押し出されていきます。「イエス・キリストは復活された。そして私たちに命の息を吹き込まれた。この命の主、イエス・キリストにつながろう。そしてイエス・キリストが望んでおられるような世界を築いていこう」。そのように押し出されていくのです。

主イエスは、弟子たちを祝福して送り出されたように、私たちをも祝福して、この世へと送り出してくださいます。不安はあります。罪もあります。しかしその罪もイエス・キリストが担い、お赦しになられる。その恵みを私たち自身がしっかりと受けとめ、またそのことを告げていかなければなりません。大きな使命です。

81　私の主、私の神よ

20章24〜29節

トマスをめざして

「あの方の手に釘の痕を見、この指を釘跡に入れてみなければ、また、この手をその脇腹に入れなければ、私は決して信じない」（25節）。イエス・キリストが復活されて、最初に弟子たちの前に姿を現された時、十二弟子の一人であるトマスは不在でした。一人でいたかったのでしょうか。自暴自棄になっていたのでしょうか。何かの都合で家を離れていたのでしょうか。理由は書いてありません。

弟子たちの「私たちは主を見た」（25節）という言葉を、トマスはどういう気持ちで聞いたでしょうか。一人取り残されたような気持ちであったのではないかと察します。他の弟子たちを促して、「私たちも行って、一緒に死のうではないか」（11・16）とまで言った人です。みんなで自分を騙《だま》しているのではないかと思ったかもしれません。ボンヘッファーはトマスを指して、「どんな犠牲でも覚悟していた弟子であったが、イエスに投げかけた自分の問いが、はっきりと、明瞭に答えられることを熱望していたのが分かる」と言っています（『ボンヘッファー説教全集3』大崎節郎訳、新教出版社、189頁）。

一週間後の日曜日の夜、弟子たちは一週間前と同じ家で同じように鍵をかけていました。そこへイエス・キリストは同じように現れて、同じように弟子たちの真ん中に立って「あなたがたに平和があるように」と言われました。

ただこの日は、さっとトマスのほうに向き直り、「あなたの指をここに当てて、私の手を見なさい。あなたの手を伸ばして、私の脇腹に入れなさい」（27節）と言って、手を差し出されました。トマスは、イエス・キリストがそのように言われたにもかかわらず、実際には触りませんでした。イエス・キリストの誠実さと愛情を知った時、触れることができなかっただけではなく、その必要もなくなったのでしょう。

彼は仲間の弟子たちに向かって「一緒に死のうではないか」と言いましたが、イエス・キリストが十字架にかかられた時には、その場にいませんでした。その後、自分は決してイエス・キリストのために死ぬことができる人間ではないことを思い知らされ、悶々《もんもん》としていたのではないでしょうか。

そしてイエス・キリストの傷痕を見た瞬間、「この自分がイエス・キリストを苦しめ、十字架にかけた」ということと、「その自分のためにイエス・キリストは十字架におかかりくださった」ということがぴたっと結びついたのではないかと思います。そのようなイエス・キリストの愛の大きさに触れた時、彼は「私の主、私の神よ」（28節）という信仰告白に導かれるのです。

バルラハの「再会」

近代ドイツの芸術家エルンスト・バルラハの作品に、このトマスとイエスの出会いの場面の彫刻があります（一九二六年作）。彼は、生涯「人間」をテーマとし、貧困や飢餓、戦争に直面する人たちの喜びや悲しみを、重厚かつ素朴な芸術作品に表しました。戦争を扱った作品でも、戦意を高揚させるための戦争賛美ではなく、戦争の悲惨さ、悲しみをテーマにしました。そのため退廃的な芸術家としてナチスに迫害され、大部分の作品は燃やされ、破壊されてしまいました。現存するバルラハの作品は少ないのですが、彼の代表作の一つに「再会」という木彫りがあります。それが、実は復活後のイエス・キリストとトマスの「再会」像なのです（小塩節『バルラハ　神と人を求めた芸術家』日本キリスト教団出版局、参照）。

イエス・キリストが、トマスをぎゅっと抱きかかえています。普通トマスと言えば、若く屈強でがっしりとしたイメージがあるのではないでしょうか。しかしこのトマスは随分違います。明らかにイエス・キリストよりも年長、初老にすら見えます。かろうじて何かを耐え抜いてきたけれども、イエ

エルンスト・バルラハ『再会』1926年
(エルンスト・バルラハ財団、ギュストロー)

ス・キリストに再会したとたんに、体中の力が抜けて崩れ落ちそうになっている姿です。もちろんその手の釘跡に指を入れようとはしていません。「本当にあなたなのですか」。自分よりも背の高いイエス・キリストの肩に自分の手をかけ、下から覗き込むようにして、イエス・キリストの顔を見つめています。その問いかけから、「私の主、私の神よ」という信仰告白までを、ひとつの姿で描ききっている素晴らしい彫像です。がっしりとトマスを支えているイエス・キリストの手の中にはきっと痛ましい釘跡があるのでしょう。

イエス・キリストは、トマスの求めを受けとめつつ、それを超える大きな愛でもって、トマスを変えられたのです。

未来の教会の代表

箴言にこういう言葉があります。「自分の心を信頼する者は愚か。知恵によって歩む人は救われる」(箴言28・26)。

この「知恵」は「信仰」と言い換えてもよいでしょう。「自分が、自分が」という思いでいるところでは、かえって前に進むことができない。そこに突破口となる知恵、信仰が与えられるのです。その神からの知恵、信仰によって歩む人こそ幸いです。イエス・キリストは、「信じない者ではなく、信じる者になりなさい」（27節）と言われました。

トマスの告白を受けて、イエス・キリストは「私を見たから信じたのか。見ないで信じる人は、幸いである」（29節）と結んでおられます。確かにトマスが信じたのは、見たことをきっかけにしていますが、「私の主、私の神よ」とまで言うことができたのは、むしろイエス・キリストの見えない力に信頼したからではないでしょうか。このトマスの「私の主、私の神よ」という告白は、後のキリスト教会の信仰告白になっていきます。

最初のイースターの日におらず、一週間後に姿を現すトマスは、イエス・キリストを知らない、後の信徒たちの象徴であると言われます。未来の教会の代表者です。最初の時はいなかったけれども、後になってイエス・キリストに出会った。その中に私たちもまた連なっているのです。

また「ディディモと呼ばれるトマス」（24節）とあります。ディディモというのは双子という意味です。ある人は、「トマスの双子のきょうだいは、私たち自身だ」と言っています。トマスと同じように、信じるか信じないか、その間をさ迷っているような私たちに対しても、イエス・キリストは向こうからまっすぐに近寄って来てくださり、「信じない者ではなく、信じる者になりなさい」と声をかけてくださるのです。

82　再出発　21章1〜14節

挫折

その後、イエスはティベリアス湖畔で、また弟子たちにご自身を現された。（1節）

イエス・キリストが復活されて、弟子たちの前に姿を現されてから大分日が経っているようです。場所も移動しています。ティベリアス湖とはガリラヤ湖の別名です。弟子たちは、エルサレムから、ペトロたちの故郷であるガリラヤへと舞い戻っているのです。この物語は、優秀な弟子たちの物語ではなく、復活の主イエスと出会っても、なお挫折する弟子たちの物語です。その意味では、これはその後の歴史に何度も繰り返されてきた物語であるとも言えるでしょう。

人生に浮き沈みがあるのと同様、信仰生活にも浮き沈みがあります。洗礼を受けたいと願う時、私たちの信仰は高揚していますが、そうした気持ちを持続することがいかに難しいことであるか、私たちのちはよく知っています。

彼らがなぜガリラヤに帰ってきたのか、理由は記されていませんが、エルサレムでの生活は順調ではなかったのでしょう。イエス・キリストの息を受け、押し出されたからと言って、世間は何も変わっていません。その後も、重罪人イエスの一味として要注意人物リストに挙げられていたかもしれません。エルサレムのような都会では生活費もかさみ、漁師の彼らには他の仕事をするのも難しかったでしょう。

田舎から都会へ出てきた者の挫折と重なるものがあります。毎日の生活が大変です。「故郷に帰れば、実家がある。親戚がいる。とにかく食べていくことができる。もう田舎へ帰ろう」。そういう経験は、多くの人がしているのではないでしょうか。

ペトロは、一旦は網を捨て、漁師であることをやめて、イエス・キリストに従いました。それだけではなく、復活の主に出会って聖霊を受け、使徒として派遣されました（20・21～23）。ところが、そのペトロがまたガリラヤでやり直そうとしている。そこに挫折感がないはずはありません。決して「故郷に錦を飾る」というようなことではありません。使徒としての働きもうまくいかなかったのでしょう。

ペトロは、この時「私は漁に出る」（3節）と言いました。特に仲間を誘う言葉ではありません。

まずは自分自身を立て直さなければならない。彼の信仰の原点は、かつて漁の時に、イエス・キリストと出会ったことでありました。

ペトロは事柄がうまくいかなくなった時、信仰の危機を経験した時に、信仰の原点に立ち返ろうとしました。「何とかしなければならない」「何かしなければならない」という思いから、「漁でもやろう」と網をとる。それは間違っていなかったでしょう。

この時のペトロの自分自身に対する言葉、「私は漁に出る」という言葉に反応して、他の弟子たちも「私たちも一緒に行こう」と言い合いました。みんな同じ挫折経験をしていたのでしょう。

しかし、それでどうなったでしょうか。それでもうまくいかないのです。「彼らは出て行って、舟に乗り込んだ。しかし、その夜は何も捕れなかった」。だめな時は何をやってもだめです。魚にもこちらの気持ちを見透かされているようです。信仰生活にも仕事にも疲れ果てています。

主が突破口を開かれる

しかしそこへ事態を打開する出来事が起こります。「すでに夜が明けた頃、イエスが岸に立っておられた。だが、弟子たちは、それがイエスだとは分からなかった」(4節)。だめな時というのは、立ち直るきっかけがすぐそばにまで来ていても、それがわからないことが多いものです。

その人は、「舟の右側に網を打ちなさい。そうすれば捕れるはずだ」(6節)と続けました。彼らは半信半疑で、網を打ちます。この頃すでにぼんやりと、「何かこれと同じ経験をしたことがあるぞ」と思い始めていたかもしれません。「あれ、確かどこかで同じ経験をしたことがある」。皆さんも、そう感じることはないでしょうか。彼らは、言われたとおりに網を打ち、引き上げようとすると、あまりにも多くの魚がかかっていたので、もはや網を引き上げることができませんでした。

結局、このスランプ状態から突破口を開いてくださったのは、イエス・キリストでありました。「舟の右側に網を打ちなさい」と言って、大漁を導いてくださった。キリストは言葉を与え、それに従う者を生かしてくださるのです。私たちの思いを超えて、できない者ができる者に変えられるのです。

他の弟子たちも魚のかかった網を引きながら、舟で岸へ戻ってきました。陸に上がってみると、イエス・キリストは炭火をおこし、食事の準備をしてくださっていました。魚が載せてあり、パンもありました。そこへさらに「今捕った魚を何匹か持って来なさい」(10節)と言われます。

ここには二つの意味があると思います。一つは、キリストは、私たちの働きに先立って、私たちを迎える準備をしておられるということ、もう一つは、そのようにして準備し、十分なはずのお方が、私たちの働きの実りを、そこに加えてくださるということであります。私たちの働きを祝福して、共に働くことを喜んでくださるのです。

シモン・ペトロが舟に乗り込んで、網を陸に引き上げると、百五十三匹もの大きな魚でいっぱいでした。それほど多く捕れたのに、網は破れていませんでした。

天国の宴を指し示す食事

イエス・キリストは、弟子たちに向かって、「さあ、来て、朝の食事をしなさい」（12節）と言われました。「あなたはどなたですか」と聞く人は誰もいませんでした。この言葉、この仕草で、彼らはかつての、なつかしいイエス・キリストと共にある食事を思い起こしたに違いありません。イエス・キリストはパンを取って弟子たちに与え、魚も同じようにされました。彼らは、至福の時を経験したことでありましょう。これは、あの厳粛な「最後の晩餐」とは違う、復活の主による希望に満ちた新しい宴、言い換えれば「天国の宴」を指し示しているようです。

皆さんの中には、大きな挫折を経験しておられる方、スランプを経験しておられる方もあるかもしれません。しかし、イエス・キリストが私たちに先立って私たちを待ち、言葉をかけ、道を示し、突破口を開いてくださることを信じて、再出発をしましょう。

83　ひとはひと、あなたはあなた

21章15～23節

恵みの命令

「ヨハネの子シモン、あなたはこの人たち以上に私を愛しているか」（15節）

復活のイエス・キリストは、ペトロにそう尋ねられました。「この人たち以上に」という言葉に、違和感を覚えられる方もあるでしょう。「イエス様は、人と愛の比較をされるのだろうか」。「この人たち以上に」というのは、「これらのこと以上に」とも訳せるものです。どちらにしても内容的には、「すべてに優って」ということかと思います。ペトロに対して、「最上の愛」を求められたのです。ペトロは答えました。

「はい、主よ、私があなたを愛していることは、あなたがご存じです」（15節）

このペトロの返事に基づいて、イエス・キリストは、こう命じられました。「私の小羊を飼いなさい」（15節）。しばらくして、再び尋ねられます。「ヨハネの子シモン、私を愛しているか」（16節）。ペトロが再び同じ応答をすると、イエス・キリストは、再び命じられます。「私の羊の世話をしなさい」（16節）。またしばらくしてから、イエス・キリストは、「ヨハネの子シモン、私を愛しているか」と尋ねられました。

ペトロは、主イエスが三回も同じことを尋ねてこられたので、悲しくなりました。普通、確認の時は二回まででではないでしょうか。コンピューターのパスワードでも、「確認のため、もう一度入力してください」と出てきますが、三回はありません。

ペトロは、はっきりこう答えました。

「主よ、あなたは何もかもご存じです。私があなたを愛していることを、あなたはよく知っておられます。」（17節）

そしてイエス・キリストも、ペトロにはっきりと命じられます。「私の羊を飼いなさい」（17節）。

三回も聞かれたのは、恐らく多くの人が指摘するように、ペトロが三度、「イエス・キリストを知らない」と否定したことと関係があるのでしょう（13・38、18・17、25、27参照）。

一回ごとにペトロがイエス・キリストを否定したことを赦すように、言葉を変えながら、三回「私の羊を飼いなさい」と命じられる。これは恵みの命令です。いったん挫折し、弟子と呼ばれる資格がなくなったような者をさえ、もう一度立たせて遣わされるのです。

ペトロの殉教

ペトロは、その後、主イエスの預言どおり、初代教会の指導者として、立派にその役割を果たしていくことになります（13・36参照）。そして教会は、そこから大きく成長していくことになります（使徒2〜5章、10〜12章参照）。

ペトロは初代教会の基礎を築いた後、殉教をしたと伝えられています。21章のこの言葉が書かれた時、ペトロはすでに亡くなっていたのでしょう。ペトロもイエス・キリストと同じように十字架にかけられたと言われています。しかも彼は、新約聖書外伝のひとつ、『ペトロ行伝』によれば、自ら希望して、頭が下で足が上になるように、逆さはりつけになったと伝えられています。

三回のやりとりの後、イエス・キリストは、ペトロにもう一度「私に従いなさい」（19節）と言われました。私たちは、繰り返しイエス・キリストに召し出され、繰り返し従う決心をするのです。

主の愛する弟子のこと

ペトロが振り向くと、「イエスの愛しておられた弟子」が目に留まりました。ペトロは、「主よ、この人はどうなるのでしょうか」（21節）と尋ねます。

私たちは主イエスの招きに応え、それに従うのですが、どうも他の人のことが気になります。そのようなペトロの問いに対して、イエス・キリストは、こう答えられました。

「私の来るときまで彼が生きていることを、私が望んだとしても、あなたに何の関係があるか。あなたは、私に従いなさい。」（22節）

その後の説明も含めて、くどいほどの言葉が続きます。恐らくこの21章が書かれた当時の状況として、第一に「ペトロは殉教した。しかし愛する弟子と呼ばれた人は、殉教はせず、長生きした」ということがあったのでしょう。第二の状況は、その愛する弟子も長生きはしたけれども、やがては死んだということです。そこで「イエス様は、『死なない』とは言われませんでしたよ」と伝えようとしているのでしょう。

私たちがここで心に留めるべきことは、イエス・キリストの召し出し方です。「あなたは、私に従いなさい」（22節）。「ひとはひと、あなたはあなた」ということです。ペトロの問いは、彼の好奇心を表していると同時に、福音書が書かれた当時の人々の好奇心をも表しています。そしてそれは私たちの好奇心にも通じるものでしょう。

イエス・キリストへの従い方は、それぞれに異なっていますし、その生涯もそれぞれに違います。ペトロのように殉教のような形で生涯を閉じる人もありますし、「愛する弟子」のように長生きをして、長い間主イエスに仕える人もあります。それは、神様が私たちのために備えられることです。

牧師の中にも、貧しい生涯を生き抜く牧師もいますし、地位と名声を得て、変な言い方ですが、この世的に「成功する」牧師もいます。そして牧師といえども、他の牧師のことが気になり、うらやむこともあります。

「主よ、この人はどうなるのですか」。この世的に「成功し」、輝けば輝くほど、「イエス様の生き方と随分、違うね」という素朴な疑問が出てくる。あるいは皮肉っぽい反応が出てくる。しかし主はこう答えられるのです。

「ひとはひと、あなたはあなた。ひとのことは気にするな」。「あなたは誰にも増して、そして何にも増して、私を愛するか」。「あなたは、あなたの仕方で、真っ直ぐに私に従ってきなさい」。

このことは牧師だけではなく、クリスチャン一人ひとりにも同じことが言えるのではないでしょうか。清貧に生き抜く人、世間的には認められず生涯を終える人がいる一方で、社会的に成功し、地位と名声を得るクリスチャンもいます。しかし後者のような人が、その人にしかできない貢献、その地位にいるからこそできる大きな働きをすることもしばしばあります。そして他の人にはわからない大きな苦労をしていることも多いものです。神様の人の用い方の不思議さを思います。「あなたは私を愛するか」との問いかけに「はい」と答え、主イエスに従っていきたいと思います。

84　命を得るため

20章30～31節、21章24～25節

ヨハネ福音書の「あとがき」

ヨハネ福音書21章は、後代の付加であると言われます。本来のヨハネ福音書は、20章30～31節で終わりとなります。この部分に「本書の目的」という表題が付けられていますが、この部分が元来のヨハネ福音書の「あとがき」なのです。

21章24節には、「これらのことについて証しをし、それを書いたのは、この弟子である」と記されています。この言葉から、少なくともこの部分は、元来のヨハネ福音書の著者とは違う人物が書いているということがわかりますが、「これらのこと」というのは、1～20章の福音書全体と読むのが自然です。21章24節以下は、別の人物の手による、もう一つの「あとがき」と言えるでしょう。

本の「まえがき」や「あとがき」には、「何のためにこの書物を書いたのか」、「どういうふうに読んでもらいたいのか」というようなことが記されます。ルカ福音書の著者の場合は「まえがき」の部分でそれを記しましたが（ルカ1・1〜4）、ヨハネ福音書の著者は、「あとがき」の部分で、そのことを次のように述べるのです。

これらのことが書かれたのは、あなたがたが、イエスは神の子メシアであると信じるためであり、また、信じて、イエスの名によって命を得るためである。（20・31）

この言葉は、二つのことを語っています。一つは、「あなたがたが、イエスは神の子メシアであると信じるため」ということです。書物は、いろいろな読み方ができます。聖書ほどの書物になると、さまざまな研究の材料・対象にもなります。歴史学者は歴史学者の立場で、文学者は文学者の立場で読みます。建築学者、動物学者、植物学者、服飾の専門家、食べ物の専門家。もちろん神学者の場合には、さまざまな神学的立場で読みます。ユダヤ教の神学者とキリスト教の神学者でも違うでしょう。他宗教の学者はそれぞれの宗教の立場で、無神論者は無神論者の立場で、聖書を読みます。それはそれでよいのです。聖書は奥が深い書物です。

しかし聖書には聖書そのものが求めている本来的な読み方というのがあるのです。著者は一体何のために、これを書いたのか。ヨハネ福音書の場合は、「あなたがたが、イエスは神の子メシアであると信じるため」というのです。

福音書は、イエス・キリストの言葉と業を記したものですが、単なる伝記ではありません。内容的にも、時間配分の上でも大きな偏りがあります。最後の受難と復活に集中しているのです。ヨハネ福音書は、特にそうです。13章からすでに、十字架にかかられる前夜の物語です。分量的には、福音書全体の半分近くがそれに当てられています。そのようにして、イエスが神の子であることを告げようとするのです。

それは、福音書だけではなく、新約聖書全巻に共通することでもあります。どの著者も、メッセージの強調点こそ違っても、ひとつのことを指し示しています。それは「イエスこそ神の子メシアである」ということです。ですからそう読むことが聖書そのものが求めている読み方であり、それが聖書を「聖書」として読むということなのです。

神の熱意が著者たちを動かした

そこにはさらに、究極の目的があります。それは、「信じて、イエスの名によって命を得るため」ということです。そのことに促されて、ヨハネ福音書の著者はこの書物を書きました。「命を得る」ことは、永遠の命そのものであるイエス・キリストに連なることであり、そのためにこそイエスが神の子メシアであることを明らかにしようとしたのです。そこには、これを読む人の救いに対する熱い思いがあります。それは、ヨハネ福音書に限らず、聖書の他の文書にも通じることです。

しかし私は、さらにもう一つ深い配慮があったことを思わざるを得ません。言い換えるならば、そのように聖書の著者の熱意を促したものは、一体何だったのかということです。そこには、直接の著者を超えたもう一人の著者というか、誰かを動かして福音書や手紙を書かせた方、すなわち神様の熱意があるのです。その方の思いが真実であればこそ、それに促されて聖書を記した人の思いも真実なのです。

そこには、ただ単にこの福音書の目的だけではなく、神様の大きな計画があります。そのためにこそ、御子イエス・キリストは、遣わされたのだと言えるでしょう。

神は、その独り子をお与えになったほどに、世を愛された。御子を信じる者が一人も滅びないで、永遠の命を得るためである。神が御子を世に遣わされたのは、世を裁くためではなく、御子によって世が救われるためである。（ヨハネ3・16〜17）

この神様の熱意が、ヨハネ福音書の著者の熱意へと流れ込んでいると言えるでしょう。私たちもこの熱意を受けとめ、イエスの名によって命を得たいと思うのです。

書き切れないほどの恵み

20章30節には、こう記されています。

　このほかにも、イエスは弟子たちの前で、多くのしるしをなさったが、それはこの書物に書かれていない。

それは、「自分はイエス・キリストの言葉と業、そして不思議なしるしをすべて書き記すことはできない」という無力な思いであったのでしょうか。いやむしろ、「イエス・キリストのなさったことは、とてもここに収まりきれないほどの恵みに満ちた、あふれ出るほどのものだ」という喜ばしい思いでしょう。

21章の筆者も同じようなことを、もっとスケールの大きな表現で語っています。

イエスのなさったことは、このほかにも、まだたくさんある。私は思う。もしそれらを一つ一

つ書き記すならば、世界もその書かれた書物を収めきれないであろう。(21・25)

すごい言葉です。イエス・キリストのなさったことは、世界よりも大きいというのです。私は、これは決して誇張ではないと思います。イエス・キリストのしるし、イエス・キリストの業は、私たちのところまで脈々と連なっています。そのことを思う時に、このヨハネ福音書の言葉は、時代を超えて、私たちに実感として響いてくるのではないでしょうか。イエス・キリストが二千年前より今日までになさったこと、それはとても、とても数え切れないものです。

イエス・キリスト、世界の希望

Jesus Cristo, Esperança do Mundo

S. Meincke
E.Reinhardt
J.Gottinari

1．今の時を超えて　未来はつげている
　　夜の闇は去りて　明るい日が来ると

※ 御国よ来ませ　命がおどり出す
　　わたしたちの夢は　喜びに変わる
　　アエー エアー アエアエアエー

2．つぼみが花となる　しるしであるように
　　キリストは未来の　喜びのしるし
　（※）

3．憎しみも妬みも　争いもない国
　　真実と正義と　愛に満ちた世界
　（※）

4．抑圧と力が　支配する世界は
　　主が来られる時に　全てが崩れ去る
　（※）

5．共に手を携え　共に抱きしめ合い
　　誰も排除されず　誰ももう泣かない
　（※）

6．未来から光が　今ここに差し込み
　　神の国の種が　大地から芽を出す
　（※）

（日本語訳：松本敏之）

あとがき

『ヨハネ福音書を読もう　下　神の国への郷愁《サウダージ》』をお届けすることができることをうれしく思います。「神の国への郷愁《サウダージ》」という副題は、「64　神の国へのサウダージ」（126頁以下）から取りました。このメッセージは、「サウダージ」（Saudade）という言葉をモチーフにしたブラジルの「イエス・キリスト、世界の希望」という賛美歌を軸にしています。私はかつてブラジルで宣教師として働いたことがあり、「サウダージ」（ポルトガルでは「サウダーデ」）という言葉や思いは、ブラジルで学びました。それはポルトガル語で最も美しい言葉の一つであると言われ、郷愁、憧憬などと訳されますが、それを超えた深い意味があります。今はかなえられないこと、手にすることのできないものへの「熱い思い」と言えばよいでしょうか。詳しくは127〜128頁をご覧ください。ちなみにランゲンシャイト社の『ポケット・ポルトガル語辞典』では、〈longing, yearning, ardent desire, homesickness, nostalgia〉（熱望、切望、燃えるような願い、ホームシック、ノスタルジア）と説明されています。

私は、「婦人之友」二〇一七年七月号の「聖書・今日のいのり」に、今回と同じ「神の国へのサウダージ」というタイトルの文章を書きましたが、画家の渡辺総一さんが、その文章から得たインスピレーションをもとにすばらしい挿絵「主よ、御国を」を描き下ろしてくださいました。その絵をこの書物のカバーでも用いさせていただきました。うなだれ、嘆きつつも、天を仰いで「御国が来ますように」と祈る姿（神の国へのサウダージ）は、この書物全体を貫くものであり、また今日を生きるクリスチャンの姿勢でもあると思います。

ここ数年、特に今年になってから、私たちの世界は大きく揺さぶられてきました。二〇二〇年以降、世界中は新型コロナウイルス感染症の波に呑み込まれ、その対応に追われてきました。それはかつてなかった規模のパンデミックであり、コロナ禍は今も続いています。また二〇二二年二月二十四日、ロシアがウクライナに軍事侵攻しました。ウクライナの人々のことを思うと居ても立ってもいられない気持ちにさせられ、今こそ平和への祈りと行動を共になすべき時であることを実感しています。さらに二〇二二年七月八日には、安倍晋三元首相が銃撃され殺害される事件が起きました。どんな事情があろうとも、人を殺すことは絶対に許されないことではありますが、その事件にいたった背景、つまり襲撃をした青年の心の闇、カルト宗教のマインドコントロール、それと癒着する政治の問題にこそ、私たちは目を向けていかなければならないでしょう。また二〇二一年二月に起きたミャンマーの軍事クーデター以降のミャンマーの厳しい状況も忘れてはならないでしょう。私は、そういう時代であるからこそ、「御国が来ますように」という祈りを強くし、希望を見失わないで、なすべきことをしていかなければならないと思うのです。

本書は、「恩寵と真理」誌（同信社、二〇一八年五月号〜二〇二二年七月号）に掲載された「ヨハネ福音書を読もう」の原稿をもとにしています。上巻掲載分から数えれば、約八年間、毎月原稿を待ち、励ましてくださったおかげで書き続けることができました。原稿をチェックしてくださったことも感謝でした。

また上下巻にわたって、畏友である岩橋常久さんと小友聡さんが原稿を丁寧に読んで、貴重なコメントをくださいました。出版にあたっては、日本キリスト教団出版局の白田浩一さんにとてもお世話になりました。ありがとうございました。

上下巻のカバー絵を提供してくださった渡辺総一さん、賛美歌「イエス・キリスト、世界の希望」(Jesus Cristo, Esperança do Mundo）の楽譜掲載を快諾してくださった原作者のシルヴィオ・マインケさんにも、心から感謝します。また、この賛美歌は『これもさんびか』（「これもさんびかネットワーク」発行）に二一〇三番として収載されています。楽譜は『これもさんびか』のために作成されたものを用いさせていただきました。皆さんもぜひ歌ってみてください。

「恩寵と真理」誌での連載に先立って、鹿児島加治屋町教会の主日礼拝において、ヨハネ福音書による説教を行い、それが原稿のもとになりました。私は、東京から鹿児島に移り住んで八年目になりますが、自然に恵まれたこの地で、以前より落ち着いて説教に取り組むことができることをうれしく思います。感謝の思いで、この書物を鹿児島加治屋町教会と鹿児島で出会った人たちに捧げます。

二〇二二年八月九日　鹿児島・加治屋町

松本敏之

松本敏之《まつもととしゆき》

1958年、兵庫県姫路市に生まれる。

立教大学文学部キリスト教学科卒業、東京神学大学大学院修士課程修了、ニューヨーク・ユニオン神学大学院 STM コース修了。

日本基督教団阿佐ヶ谷教会伝道師、サンパウロ福音教会牧師、ブラジル・アルト・ダ・ボンダーデ・メソジスト教会牧師、弓町本郷教会副牧師、経堂緑岡教会牧師を経て、2015年より鹿児島加治屋町教会牧師・鹿児島敬愛学園敬愛幼稚園園長。

《著書》
『マタイ福音書を読もう 1　一歩を踏み出す』『マタイ福音書を読もう 2　正義と平和の口づけ』『マタイ福音書を読もう 3　その名はイエス・キリスト』『ヨハネ福音書を読もう　上　対立を超えて』（以上、日本キリスト教団出版局）、創世記説教集全4巻『神の美しい世界』『神に導かれる人生』『神と人間のドラマ』『神の壮大な計画』（以上、キリスト新聞社）
《監修・共著》
『牧師とは何か』『そうか！なるほど!! キリスト教』（以上、日本キリスト教団出版局）

日本音楽著作権協会（出）許諾第 2206769-201 号

ヨハネ福音書を読もう　下　神の国への郷愁《サウダージ》

2022年9月15日　初版発行

著　者　松　本　敏　之
発　行　日本キリスト教団出版局
169-0051　東京都新宿区西早稲田2丁目3の18
電話・営業 03（3204）0422、編集 03（3204）0424
https://bp-uccj.jp

印刷・製本　三秀舎

ISBN 978-4-8184-1119-7　C0016　日キ販
Printed in Japan